LES ÉLUS
ET
LES DÉÇUS

Données de catalogage avant publication (Canada)

Chaput-Rolland, Solange, 1919-

Les élus et les déçus

ISBN 2-89111-667-4

I. Titre.

PS8555.H39832E48 1996   C843'.54   C96-940498-0
PS9555.H39832E48 1996
PQ3919.2.C42E48 1996

Illustration de la couverture:
GILLES ARCHAMBAULT

Maquette de la couverture
FRANCE LAFOND

Photocomposition et mise en pages
COMPOSITION MONIKA, QUÉBEC

© Éditions Libre Expression
2016, rue Saint-Hubert
Montréal, Qc   H2L 3Z5

Dépôt légal:
2e trimestre 1996

ISBN 2-89111-667-4

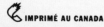 IMPRIMÉ AU CANADA

Solange Chaput-Rolland

LES ÉLUS
ET
LES DÉÇUS

Libre Expression

DU MÊME AUTEUR

Fumées, Éditions Beauchemin, 1944.

Chers ennemis, en collaboration avec Gwethalyn Graham, Éditions du Jour, 1965.

Mon pays: Québec ou le Canada? Cercle du Livre de France, 1966.

Québec, année zéro, «Regards 1967», Cercle du Livre de France.

Une ou deux sociétés justes?, «Regards 1968», Cercle du Livre de France.

La Seconde Conquête, «Regards 1969», Cercle du Livre de France.

Une cuisine toute simple, en collaboration avec Suzanne Monange, Éditions du Jour, 1970.

Les Heures sauvages, «Regards 1970-1971», Cercle du Livre de France.

Watergate, «Regards 1973», Cercle du Livre de France.

Les Maudits Journalistes, «Regards 1974», Cercle du Livre de France.

Lettres ouvertes à treize personnalités politiques, «Regards 1976», Cercle du Livre de France.

De l'unité à la réalité, «Regards 1977-1981», Cercle du Livre de France.

Le Mystère Québec, «Regards 1983-1984», Cercle du Livre de France.

Et tournons la page, Libre Expression, 1989.

Le Tourment et l'Apaisement, Libre Expression, 1990.

Chère sénateur, en collaboration avec Brenda Robertson, Libre Expression, 1992.

Nous deux, Libre Expression, 1993.

La Plénitude de l'âge, traduction de *The Measure of My Days* de Florida Scott-Maxwell, en collaboration avec Elsa J. Foster, Libre Expression, 1994.

Les Quatre Saisons d'Isabelle, Libre Expression, 1994.

Où es-tu?, Libre Expression, 1995.

AVERTISSEMENT DE L'AUTEUR

Une longue habitude de l'écriture et surtout de la lecture m'a fait comprendre que, si un auteur cherche à justifier ses essais, romans ou pièces de théâtre, il ou elle manque d'intégrité.

Cependant, ce quatrième roman, *Les Élus et les Déçus*, se situe dans des milieux politiques et médiatiques que, durant plus de trente ans, j'ai fréquentés à titre de députée de Prévost, de sénateur de Mille-Îles, et de commentatrice et éditorialiste à la radio et à la télévision. Je me sens donc dans l'obligation morale d'affirmer ici que quiconque tenterait d'identifier mes personnages fictifs à des personnes connues serait victime de sa propre imagination plutôt que de la mienne. Il est certains écrits politiques qui me choquent par leurs intrusions dans la vie personnelle, voire intime, de femmes et d'hommes que j'ai côtoyés et pour lesquels j'éprouve beaucoup de respect, même si je ne partage pas toujours toutes leurs convictions. Ce roman n'est pas à clés ; je n'ai pas de comptes personnels à régler avec qui que ce soit.

Dans ma vie quotidienne, des amis de longue date ont accepté de parler avec moi de la vie politique, ajoutant à mon expérience personnelle leurs témoignages qui me furent utiles et enrichissants. Je les remercie tous et toutes, tant les collègues politiques que les représentants de la presse. Mais je me dois, par simple gratitude et estime, de nommer tout spécialement la cotraductrice de *La Plénitude de l'âge*, qui depuis plus de cinq ans me comble de ses critiques et suggestions concernant mes livres. Mes jeunes soixante-dix-sept ans ont parfois tendance à confondre les noms, les lieux et les dates. Elsa J. Foster me ramène toujours dans le droit chemin. Si ce roman plaît, mes amis et collègues en seront responsables; s'il tombe dans l'indifférence générale, alors il faudra blâmer celle qui signe, en ce début de janvier 1996,

Solange CHAPUT-ROLLAND,
Officier de l'Ordre du Canada,
Officier de l'Ordre du Québec.

1

Renaud Lemurest lisait une lettre que venait de lui remettre son conseiller politique. Il avait le visage fermé, les lèvres serrées. Levant la tête, il regarda gravement Philippe Granvert, debout devant son bureau, et lui dit, la voix tremblante :

– Veuillez s'il vous plaît prier Mme Lemurest de venir immédiatement me retrouver, et demeurez avec nous, même si notre conversation vous mettra mal à l'aise.

– De mauvaises nouvelles, Excellence ?

– Oui, et fort injustes pour nous trois. Vous êtes hélas, à votre tour, victime de votre loyauté envers ma femme et moi.

Son conseiller le regarda avec étonnement et inquiétude, mais, n'osant pas interroger l'ambassadeur du Canada en France, il se hâta d'aller quérir Mme Lemurest, autant pour obéir à son patron que pour apprendre les mauvaises nouvelles qui les attendaient.

Quelques minutes plus tard, l'épouse de l'ambassadeur, souriante, élégante comme toujours, entra dans le bureau de son mari, suivie de Philippe.

– Que se passe-t-il, Renaud ?

— Je suis rappelé à Ottawa par le Premier ministre.

— Pour combien de temps? demanda-t-elle, surprise.

L'ambassadeur se leva, leur tourna le dos et répondit, la voix éteinte:

— Je suis prié de démissionner, Mathilde; ma carrière de diplomate est terminée. J'aurais dû prévoir le coup. Un nouveau Premier ministre change toujours l'entourage politique et diplomatique de son prédécesseur. Il a donc décidé de me remplacer par un de ses amis, oubliant ainsi mes années de service, au nom du maudit patronage. Le nouvel ambassadeur sera ici dans un mois. Et, comble de cynisme, notre cher Premier ministre me prie d'instruire le nouvel ambassadeur quant à ses nouvelles responsabilités en France. Il n'a aucune expérience de la diplomatie. Nous devons de plus, me dit-il dans sa lettre, quitter la chancellerie rapidement.

— Vous n'avez pas mérité un tel limogeage, fit rageusement le conseiller.

— Vous non plus, Philippe, dit plus doucement l'ambassadeur. Car vous devez laisser votre place au conseiller de mon remplaçant, un homme qui le sert depuis dix ans à titre de président de la maison Rouleau inc.

— Mais cet homme est un marchand de tapis! s'exclama sa femme avec mépris.

— Oui, ma chérie, mais riche et puissant dans le parti comme dans le milieu des affaires. Et le Premier ministre ne l'est pas. Donc, exit Lemurest et déroulons le tapis rouge pour Émile Rouleau...

— C'est inacceptable! jeta Philippe avec colère.

– Oui, lui répondit l'ambassadeur. Car depuis quinze ans vous avez été un grand serviteur de la diplomatie canadienne, et surtout un merveilleux conseiller et ami pour ma femme et moi.

– Dommage, répliqua avec amertume Mathilde Lemurest, que notre Premier ministre soit dépourvu de tout respect pour la diplomatie.

Et subitement elle se mit à pleurer.

– Ma chérie, ne te décourage pas. Le pays a besoin de nous, de l'expérience que nous avons acquise ici et dans six ou sept autres pays d'Europe et d'Afrique, lui dit tendrement son mari. La diplomatie étrangère acceptera fort mal notre départ. Je pressens un mystère derrière mon rappel. Je m'estime lésé dans mes droits quant à mon contrat avec les Affaires étrangères, et atteint dans ma fidélité à notre politique internationale. J'informerai mes collègues de mon renvoi et des raisons partisanes qui animent notre nouveau chef d'État. Il y a des limites au patronage politique; à mon sens, notre nouveau leader vient de l'institutionnaliser.

Renaud alla prendre place sur le sofa et entoura son épouse de ses bras.

– Ne pleure plus, Mathilde. Ma carrière n'est pas terminée, mais elle prendra un virage étonnant dans quelques mois. Cela, j'en suis certain. Je ne peux rien pour influencer la décision du Premier ministre car je le connais à peine. Mais je me suis fait beaucoup d'amis ici et ailleurs.

– Je ne vous laisserai jamais, Excellence, dit alors Philippe en se levant. Je suis attaché à vous deux et moi aussi je me suis fait des alliés au sein des milieux politiques et diplomatiques. Excusez-moi, mais je dois aller prévenir Élise de ce qui nous arrive. Ma femme aura, elle aussi, beaucoup de chagrin en apprenant cette nouvelle décidément écœurante, et je ne m'excuserai sûrement pas de manquer de diplomatie envers celui qui ne connaît même pas la définition de ce mot.

Il s'inclina devant Mme Lemurest et sortit rapidement de la pièce.

Renaud regarda Mathilde et lui demanda doucement:

— Veux-tu que nous annulions le dîner de ce soir à l'ambassade de Belgique?

— Pour laisser croire au Premier ministre qu'il vient de nous écraser en faveur de son ami Rouleau? Renaud, jamais nous n'avons failli à nos responsabilités. Nous n'allons pas commencer ce soir. Mais ce soir, si tu le permets, nous annoncerons notre retour au pays et nos nouvelles fonctions de chômeurs...

Elle éclata en sanglots.

Renaud la retint contre lui, bouleversé à son tour. Puis il se dégagea et, la regardant, lui murmura:

— Je ne t'ai pas assez dit, ma chérie, combien ton courage, ton sens des responsabilités en des circonstances difficiles pour notre sécurité personnelle m'ont aidé. Ma carrière de diplomate, je ne la dois à personne d'autre que toi... Merci, et fais-moi confiance, nous avons encore de belles années devant nous...

— Mais où les vivrons-nous? lui demanda-t-elle avec une angoisse profonde. Et surtout comment?

2

– Quelle heure est-il à Paris ? demanda le Premier ministre en feuilletant ses dossiers.

– Dix-sept heures, monsieur.

– Donc, notre ex-ambassadeur doit être au courant du contenu de ma lettre ?

– Oui, répondit froidement son chef de cabinet. Son conseiller politique vient de me téléphoner de notre ambassade à Paris.

– Et alors ? reprit le Premier ministre en fermant son cahier de cuir rouge dans lequel était rangée sa correspondance quotidienne.

– Monsieur le Premier ministre, vous devez sûrement deviner le drame que vit actuellement notre meilleur ambassadeur à l'étranger.

– Vous désapprouvez ma décision, François ?

– Je n'ai pas de conseils à vous donner en ce qui concerne les affaires étrangères, mais je...

– Vous n'avez jamais rien compris à la stratégie du gouvernement.

– Je comprends vos politiques puisque je vous ai aidé à les formuler, mais je ne comprends pas que vous sacrifiiez un homme comme Renaud Lemurest à un Émile Rouleau. Qu'a-t-il fait, celui-là, pour le pays sinon s'enrichir à même les contrats du gouvernement? La presse critiquera le rappel de Lemurest; il est respecté ici comme en Europe; vous ne serez pas félicité de votre décision.

– Mais dans six mois je serai porté aux nues par les Lemurest et par mes critiques, riposta le Premier ministre.

– À la condition que Son Excellence Émile Rouleau ne jette pas le discrédit sur notre pays.

Le Premier ministre se leva et dit froidement:

– Assurez-vous, François, de ne pas jeter vous-même le discrédit sur mon cabinet en laissant percer votre mauvaise humeur devant les journalistes. Convoquez pour demain à huit heures le président de notre parti. Et je compte sur votre présence, comme sur celle de mon attaché de presse...

François Durand allait poser des questions mais, devant le visage fermé du Premier ministre Lecarré, il quitta rapidement le bureau de l'édifice Langevin.

3

Ils étaient de retour à l'ambassade et heureux, en un sens, de n'avoir pas refusé l'invitation de la Belgique.

— Tu as vu l'incrédulité chez mes collègues ? dit Renaud à sa femme qui avalait une tisane.

— Oui, lui répondit-elle en souriant. Les commentaires de leurs épouses n'auraient pas plu à notre Premier ministre, mais ils m'ont fait du bien. Toi aussi, Renaud, tu es très populaire auprès de ces dames ; elles t'admirent, te trouvent séduisant...

— Je pourrais peut-être devenir mannequin pour le gouvernement.

— Moi aussi, fit-elle en essayant de sourire. Nous ferions un beau couple.

Quelqu'un frappait à la porte du salon. Philippe entra.

— Excusez-moi, mais je viens de parler au bureau du Premier ministre. Le chef de cabinet est furieux. Il m'a confié que demain le Premier ministre donnera une conférence de presse pour annoncer votre retour au pays.

— Mais déjà la presse étrangère le sait et plusieurs journalistes diffuseront la nouvelle aux bulletins de vingt-trois heures. Dix minutes plus tard, RDI la rediffusera chez nous et le Premier ministre aura perdu la face, affirma l'ambassadeur avec une satisfaction évidente.

— Et, bien sûr, je serai blâmé par Ottawa pour mon indiscrétion, gronda Philippe.

— Non, car j'ai déclaré que je venais d'apprendre mon rappel par une lettre du Premier ministre et j'ai avoué que la nouvelle n'était pas encore connue chez nous. J'avais prévenu l'ambassadeur belge de mon indiscrétion et il accepta de demeurer à mes côtés durant ma courte intervention devant les journalistes présents à la réception.

— Et, ajouta Mathilde en souriant, notre hôtesse a perdu quelques invités. Après la déclaration de Renaud, ils se sont précipités vers leurs chaînes de télévision pour annoncer notre départ.

— Son chef de cabinet m'a confié que le Premier ministre avait convoqué à son bureau pour demain matin le président de son parti, reprit Philippe.

— Pourquoi le président de son parti? demanda Renaud.

4

Ils étaient tous les trois assis devant la table de travail du Premier ministre. Celui-ci, grave, nerveux, leur annonça ce qu'ils savaient déjà grâce au réseau RDI, soit le remplacement de l'ambassadeur Lemurest par l'industriel Rouleau, une nouvelle qui avait scandalisé Robert Lefaivre, président de son parti, et Maurice Lapierre, son attaché de presse. Pourquoi, osèrent-ils demander au Premier ministre Lecarré, avait-il fait cela, puisque le Canada possédait un ambassadeur de premier ordre à Paris?

– Bob, répondit brusquement le Premier ministre, si vous voulez demeurer président de notre parti...

– Je viens de vous donner une victoire solide; si je devais quitter mes fonctions, vous seriez mal pris, monsieur, lui affirma durement Lefaivre. Je suis un homme très puissant dans notre sphère politique.

– Je peux vous faire remplacer comme je viens de le faire dans le cas de Lemurest. Mais j'estime votre talent et votre dévouement. Voilà pourquoi je me fie à vous pour préparer une partielle dans Blanc-Mouton pour dans deux mois.

— Excusez-moi, monsieur, mais ça ne va pas ? Blanc-Mouton est notre plus grosse victoire électorale; notre candidat, qui devrait être ministre, a remporté la plus forte majorité des voix de votre élection. Alors, maudit de maudit, pourquoi une partielle ? Pour la perdre ?

— Non. Pour changer de joueur, et vite, ça presse.

— Pourquoi ? répéta Lefaivre.

— Parce que j'ai besoin de Lemurest au gouvernement. Il me faut un ministre des Affaires étrangères crédible, connu et respecté de la Communauté européenne.

— Le député de Blanc-Mouton est populaire, monsieur, reprit encore plus durement Robert Lefaivre. Vous ne pouvez lui demander de renoncer à son siège.

— Il va démissionner, car Rouleau lui a offert de devenir PDG de ses usines.

— Et vous croyez que Lemurest acceptera d'entrer au gouvernement ?

— J'en suis certain. Je vais d'abord le laisser languir durant au moins un mois, et ensuite je vais l'inviter à dîner rue Sussex avec sa femme pour lui proposer de devenir mon ministre des Affaires étrangères. J'ai besoin de son prestige, car le mien à l'étranger est plutôt mince et j'en suis tristement conscient. Je lui proposerai donc de se présenter dans Blanc-Mouton, en lui promettant une victoire facile à cause de son prestige personnel.

— Il refusera, monsieur. Lemurest n'est pas homme à se laisser séduire par vos combines douteuses.

— Oui, combines, j'accepte ce mot de vous, Lefaivre, car il contient une part de vérité. Mais il me faut Lemurest aux Affaires étrangères et je suis prêt à tout pour obtenir son assentiment à mon offre. Elle est honnête, mes amis ; je joue un jeu dangereux, mais pas dans son dos. Il saura exactement comment j'ai agi envers lui et surtout pourquoi.

– Et Rouleau ? demanda alors le président du parti. Il restera longtemps à Paris ?

– Il remplacera Lemurest pendant quelques mois et ensuite nous lui trouverons une «fiole» qui le tiendra loin du gouvernement. En attendant, vous préparerez la victoire de Lemurest dans le comté. Vous aurez bientôt les fonds nécessaires. Renaud Lemurest deviendra notre ministre des Affaires étrangères. Écoutez-moi bien, Robert ; si vous perdez le comté, vous perdrez votre job. Personne en politique n'est irremplaçable et je le sais mieux que tous. Ma victoire a été plus fragile que solide, Robert. Il nous a fallu mettre le paquet pour emporter le morceau. Je ne possède pas de ministre de son calibre au cabinet et il n'y a personne d'aussi brillant que lui à la Chambre des communes. Alors, il faut qu'il y soit.

– Ouf ! fit l'attaché de presse, c'est fort, ce coup-là, monsieur le Premier ministre.

– Oui, c'est fort si je le réussis, mais si je ne le réussis pas, je perdrai des plumes. Je compte sur votre loyauté envers moi, et jusqu'ici vous avez la mienne. Soyez assez habiles pour la conserver. Il y va de votre avenir, fit le Premier ministre en les regardant avec une intense gravité. Je compte aussi sur votre discrétion. Et si vous ne réussissez pas à influencer l'ex-ambassadeur Lemurest dès son arrivée à Ottawa, je vous flanque à la porte en vous blâmant de votre inaptitude à me seconder.

– Qui sait ce que vous mijotez, monsieur le Premier ministre? demanda le président du parti.

– Nous, jeta le Premier ministre.

– Bon, dit Lefaivre, nous réussirons. Ou alors ce sera moi qui vous remettrai ma démission. Je n'aime pas les échecs.

5

Ils se regardèrent, trop effarés par ces deux pièces mal meublées, de mauvais goût et trop étroites pour un ambassadeur et son épouse.

— Pourquoi Philippe nous a-t-il proposé cet appartement à Ottawa? demanda Mathilde.

— Un de ses amis quittait la ville pour la Floride et il le lui a offert pour nous, répondit Renaud. Mais je suis certain que Philippe n'avait pas vu cette somptueuse ambassade...

— On ne peut pas demeurer ici, Renaud... Je ne sais même pas où nous coucherons, dit Mathilde, complètement désemparée devant la laideur des lieux.

— Sur ce sofa, je présume. Il doit sûrement s'ouvrir.

— Essayons, dit alors Mathilde en poussant un soupir.

Tandis qu'ils tentaient d'ouvrir ce divan-lit, la sonnerie de la porte retentit.

— Bon, dit Mathilde, on appuie sur quoi pour permettre à notre visiteur d'entrer?

— Sur ce bouton, je crois, fit Renaud.

Il appuya dessus et une voix se fit entendre.

— C'est moi, Excellence. Puis-je monter chez vous?

— Oui, tout de suite, répondit Mathilde, déjà réconfortée de ne plus se sentir seule avec son mari.

Quelques secondes plus tard, Philippe Granvert entra et, découvrant l'exiguïté du salon, il s'exclama :

— Vous ne pouvez demeurer ici, Excellence. Je réserve tout de suite des chambres au Château, et comme je viens d'être confirmé dans mon poste de conseiller auprès de vous, le gouvernement m'a fait savoir qu'il assumera vos frais d'hôtel jusqu'au jour où vous dénicherez la maison qui vous rendra heureux.

Philippe composa un numéro de téléphone, réserva une suite, puis, se tournant vers eux, leur dit :

— Une chambre avec salon attenant vous attend au Château Laurier. Donc, oubliez cet appartement et pardonnez-moi d'avoir cru que mon copain était un homme de goût et de jugement. Allons déjeuner tous les trois, voulez-vous ?

— Où ? demanda l'ambassadeur.

— Mais voyons, Excellence ! fit Philippe en riant. *Where else* qu'au Rideau Club ? Où pouvez-vous être plus vu, mieux reconnu, et rebâtir autour de vous deux une confrérie d'amis, sinon dans ce club pour VIP ? Et puis rares sont les conseillers de diplomate qui y sont invités... Alors, je m'invite...

— Mais, Philippe, demanda l'ambassadeur, suis-je encore membre ?

— Oui. Nous avons toujours payé votre cotisation.

— Alors, fit Mathilde avec impatience, quittons ces lieux. Et allons déjeuner pour célébrer je ne sais quoi, mais quelque chose, et avec une bonne bouteille...

Et ils quittèrent rapidement l'appartement, emportant valises et porte-documents. Philippe les déposa à l'hôtel et ils filèrent vers le Rideau Club.

6

Dans son bureau du Parlement, Jean Larouche, chef de l'opposition, lisait le *Quorum*, revue gouvernementale qui tous les matins reproduit l'essentiel des éditoriaux, analyses, commentaires de la presse francophone et anglophone du pays.

«Il y a quelque chose de faux dans cette histoire du remplacement de Lemurest par Émile Rouleau, un vrai béotien s'il en est un. Or, Lemurest est un grand seigneur qui plane au-dessus de nos partis politiques. Pour avoir été reçu à notre ambassade à Paris, je fus à même de constater sa popularité et son prestige. Alors pourquoi le Premier ministre le fait-il revenir ici? se demandait-il. Pourquoi ce rappel que rien ne justifie?»

Il continua sa lecture du journal, prit quelques notes et décrocha son téléphone pour prier sa secrétaire de faire venir à son bureau son conseiller et son attaché de presse.

Quelques secondes plus tard, elle entra, l'inévitable bloc-notes entre les mains.

– Ils sont absents, lui dit-elle.

L'horloge de la Tour indiquait midi.

– Ils sont sûrement au Club de Presse à cette heure. Je veux leur parler immédiatement. En attendant, Monique, si vous nous serviez deux bons martinis ? Notre bar est-il toujours bien garni ?

7

Le Rideau Club bruissait, ce midi-là, de tout ce qu'Ottawa compte de membres de l'establishment politique, de mandarins de l'État, de sénateurs, de ministres, etc. Renaud fut accueilli, à la plus grande satisfaction de Philippe, comme un roi.

– Pourquoi êtes-vous ici alors que notre pays a besoin de vous en Europe?

– Pourquoi le Premier ministre a-t-il nommé Rouleau, un crétin millionnaire, à votre place?

À toutes les questions, Renaud répondait:

– Il faudrait le demander au Premier ministre, mais il n'a pas le temps de me recevoir, a-t-il dit à mon conseiller. Son horaire, m'a répété Philippe Granvert, est chargé et il repart en voyage la semaine prochaine.

– Que ferez-vous en attendant? lui demanda un sénateur.

– Ma femme et moi cherchons une maison, et, une fois installés dans nos meubles, nous regarderons devant nous. Et, comme tous les retraités, j'écrirai mes mémoires, dit Renaud en souriant.

Soudainement sa voix trembla.

Il se fit alors un silence dans le bar.

– Si nous allions manger ? suggéra Mathilde. Où est Philippe ?

– À côté de vous, madame. J'attendais que vous souhaitiez passer à table.

Lorsqu'ils quittèrent le bar, leurs collègues et amis continuèrent de parler du retour au pays de Mathilde et Renaud Lemurest et de se poser des questions au sujet de leur avenir.

8

— Depuis combien de temps êtes-vous le principal conseiller de notre ambassadeur? demanda Maurice Lapierre à Philippe Granvert.

Ce midi-là, l'attaché de presse du Premier ministre l'avait invité au Club de Presse afin d'entamer sa campagne de pressions discrètes auprès des Lemurest en cherchant à les mieux connaître par Philippe.

— Depuis quinze ans maintenant, j'ai eu la chance de suivre Son Excellence presque partout où il fut nommé. Je ne comprends toujours pas pourquoi nous sommes ici. Dites-moi, Maurice, puisque vous côtoyez le Premier ministre, comment expliquer qu'un diplomate de la valeur de Renaud Lemurest soit remplacé par un Émile Rouleau?

— Je ne suis pas dans les secrets du Premier ministre. Tout ce que j'ai entendu chuchoter ici et là dans son entourage, c'est que l'ambassadeur n'est pas mis à la retraite...

— Ah! fit Philippe, subitement attentif. Est-ce pour cela que je fus confirmé dans mes fonctions de conseiller?

– Je n'en sais rien, mais j'en déduis que vous avez trop d'expérience dans les milieux diplomatiques pour devenir le conseiller d'un homme qui ne travaillerait plus pour le gouvernement et notre parti. Notre Premier ministre semble lent parfois, fit Maurice, mais c'est un homme qui cache sous une allure un peu lourde...

– Dites plutôt «sans beaucoup de manières», répondit sévèrement Philippe.

– J'aime beaucoup le servir, Philippe, protesta Maurice. L'homme est brillant, et capable de reconnaître ses erreurs et de les corriger...

Philippe regarda attentivement l'attaché de presse, puis subitement détourna la conversation. Il pressentait que des messages venaient de lui être refilés, mais il ne les comprenait pas. Par ailleurs, il était lui aussi trop diplomate pour interroger plus profondément Maurice. Ils continuèrent de causer et, une fois leur café servi, plusieurs journalistes vinrent saluer Philippe et lui suggérer de passer au bar pour continuer la conversation.

Philippe se garda de refuser, mais demeura discret lorsque les journalistes tentèrent de savoir pourquoi les Lemurest languissaient à Ottawa alors que le pays était si mal connu et compris en Europe.

Ils quittèrent le Club de Presse vers seize heures et Philippe se rendit au Château Laurier en souhaitant que les Lemurest soient dans leur suite.

9

Ils y étaient. Tous deux en tenue sportive, ce qui étonna Philippe, habitué à voir l'ambassadeur et sa femme vêtus plus sévèrement, selon le protocole diplomatique.

— Heureusement que vous êtes avec nous, Philippe, soupira Mme Lemurest, car je ne connais plus personne ici.

— Moi non plus, continua son époux, et je m'en suis rendu compte au Rideau Club. Pour un diplomate de carrière, dit-il en riant, j'ai commis plusieurs gaffes en ne sachant pas à qui je parlais...

— Mais on parle de vous, Excellence, autant au Club de Presse que dans l'entourage du Premier ministre.

— Comment le savez-vous ? lui demanda l'ambassadeur.

— J'ai été invité à déjeuner par son attaché de presse et j'ai pressenti que des messages m'étaient destinés à votre intention, mais je ne sais pas les déchiffrer.

— Racontez, dirent presque en même temps Mathilde et Renaud.

Philippe relata sa conversation, les propos de Maurice, les questions des journalistes et surtout la remarque de l'un d'entre eux qui semblait assez près du Premier ministre.

«Votre ambassadeur ne chômera pas longtemps dans notre capitale, avait observé avec ironie Pierre Francis. Ce gouvernement contient trop de béotiens pour faire honneur au pays à l'étranger. Le Premier ministre est conscient de cette faiblesse.»

– Ce qui veut dire? demanda Mathilde, à son tour excitée.

– Je ne sais trop, madame, mais il est évident que vous n'êtes pas un couple oublié en haut lieu.

– Mais en attendant de savoir si ces rumeurs sont fausses ou adroitement semées, j'étouffe dans cette suite, dit Renaud Lemurest. Mon épouse et moi avons visité, avec un agent d'immeubles, je ne sais combien de maisons et de condos, et aucun ne nous convient...

– Heureusement, dit alors Mathilde en riant.

Interloqués, son mari et Philippe la regardèrent.

– Pourquoi heureusement? lui demanda son mari. Tu aimes vivre dans ces murs?

– Non, mais heureusement pour toi que nous ne trouvons pas encore à nous loger. Car tu crèveras de faim seul avec moi. J'ai oublié comment cuire un œuf, rôtir un poulet. Il y a longtemps que je n'ai mis les pieds dans une cuisine...

– Ne t'avise jamais de dire une telle chose devant des amis ou des étrangers, Mathilde. Nous avons déjà mauvaise réputation comme diplomates allant d'une réception à l'autre, sans qu'il faille parler cuisine et domestiques.

— Les ambassades sont tenues d'offrir ce que notre pays fait de mieux, observa Philippe.

— Mais pour nos critiques, le mieux est toujours considéré comme trop coûteux. Nous serions, à lire certaines pages de la presse d'ici et d'ailleurs, des citoyens qui n'ont aucun scrupule à dilapider des fortunes pour épater les étrangers...

Le téléphone sonna.

Philippe se leva, mais l'ambassadeur avait déjà le combiné en main.

— Oui, c'est moi. Qui parle, s'il vous plaît? Robert Lefaivre...

Il se tourna vers Philippe qui chuchota: «Président du parti.»

— Je n'ai pas le plaisir de vous connaître, monsieur Lefaivre, mais... Demain soir? Oui, nous sommes libres. Au Cercle universitaire à vingt heures? Vous êtes très aimable. Nous y serons. À demain...

— Eh bien, dit Philippe, les affaires se précisent...

— Pourquoi dites-vous cela? demanda Mathilde. Avec qui dînerons-nous, Renaud?

— Avec le président du parti du Premier ministre, l'homme le plus influent de son entourage...

— Ce qui veut dire, ajouta Philippe, que je ne me suis pas trompé en imaginant, à midi, que des messages étaient semés...

— Mais Renaud n'est pas membre du parti et moi non plus, dit Mathilde.

– Peut-être est-ce pour tâter vos opinions politiques que Robert Lefaivre vous invite au Club universitaire? C'est le pendant francophone du Rideau Club et il paraît que le Tout-Ottawa mondain et politique s'y donne rendez-vous.

– Cela risque d'être empoisonnant, soupira Mathilde.

– Si tu t'ennuies durant le dîner, tu pourras toujours visiter les cuisines pour apprendre à cuire mon œuf...

– Idiot! fit-elle en éclatant de rire.

10

– Alors? demanda le Premier ministre à Robert Lefaivre debout devant lui dans son bureau du Parlement, une pièce immense, ornée de tableaux des plus grands peintres du pays.

– Ils sont extraordinaires de tact, de véritable diplomatie, et de connaissances. L'ambassadeur est discret, aimable, et son épouse aussi. Vous avez eu bon nez, monsieur le Premier ministre.

– Et à mon sujet, que dit-il?

– Rien. Il s'est contenté de me poser des questions concernant votre cabinet. Mais à aucun moment il n'a critiqué vos politiques. De toute évidence, ils s'ennuient, tous les deux. L'ambassadeur languit de trouver une maison ou un appartement pour enfin commencer à rédiger ses mémoires, m'a-t-il précisé.

– L'ex-ambassadeur, Bob.

– Excusez-moi, oui, vous avez raison, l'ex-ambassadeur. Mais à constater le respect et l'admiration de tous ceux et celles qui dînaient hier au Club universitaire, il demeure aux yeux de tous un ambassadeur prestigieux, respecté et admiré. Mais...

– Mais quoi? demanda brusquement le Premier ministre.

– Mais sa femme a laissé tomber une petite phrase qui m'inquiète.

– À mon sujet? demanda le Premier ministre.

– Elle souhaite retourner vivre en France.

– Et son mari aussi?

– Non, je ne crois pas. Mais il s'ennuie lui aussi.

– Devrais-je l'inviter rue Sussex, et vite? gronda le Premier ministre, visiblement nerveux.

– Le plus rapidement possible, monsieur. Il ne faut pas perdre cet homme-là. Notre parti a besoin de son prestige.

– Nous avons le prestige, Bob.

– Non, monsieur, nous avons le pouvoir. Lemurest a le prestige qui manque au cabinet et vous le savez aussi bien que moi. Alors, invitez-le et parlez-lui franchement.

– Tout de suite? s'enquit le Premier ministre.

– Dans deux ou trois jours, le temps de lui permettre de ne pas associer le dîner avec moi à votre invitation. Il doit croire que vous êtes seul en cause avec lui. L'homme est fier, monsieur, et il mérite notre respect.

– Si votre cher ex-ambassadeur a le prestige, vous, Bob, avez le flair, et en politique le flair compte plus que la diplomatie.

– Dois-je rencontrer l'association de Blanc-Mouton?

– Après ma rencontre avec Lemurest.

Le Premier ministre se renversa dans son fauteuil et dit, avec un soulagement évident:

– Je suis très satisfait de vous, Bob. Vous ne regretterez pas de m'avoir fait confiance. Bientôt, je vous nommerai au Sénat.

11

Ottawa, comme la plupart des capitales devenues au fil des années les hauts lieux des parlementaires et des élus, est une véritable passoire. Tout ce qui se fait, se dit, se chuchote, se confie passe à travers le tamis des ragots, rumeurs et potins. Chacun sait ce que fait, mange, avec qui couche l'autre, l'adversaire ou la collègue. Depuis leur retour de Paris, les Lemurest faisaient toutes les semaines l'objet des colonnes des échotiers, des manchettes des quotidiens, des analyses des pontifes de la politique de la capitale. Ils étaient de toutes les conversations et, depuis quelques jours, les invités de plusieurs réceptions officielles. Surtout depuis la soirée chez le Premier ministre et son épouse, à leur résidence officielle, rue Sussex. Au plus grand étonnement du couple et pour son plus grand plaisir, ce fut Mme Lecarré qui les invita. Elle le fit si gentiment, si simplement, que Mathilde accepta l'invitation sans même en parler à son mari, absent ce jour-là, ce qui, elle le savait, ne se faisait jamais en terre diplomatique.

Ils se rendirent tous les deux chez le Premier ministre, heureux et vaguement réconfortés dans leur solitude par cette politesse politique, mais ils étaient loin de se douter de ce qui les attendait. Ni l'un ni l'autre n'avaient mis les pieds rue Sussex depuis des années, ayant passé près de vingt ans en Europe, où Renaud avait représenté le Canada sous plusieurs Premiers ministres et dans maints pays. Mais l'ambassade du Canada à Paris, sise rue du Faubourg-Saint-Honoré, avait été le siège de sa plus prestigieuse mission.

Natifs du Québec, ils appartenaient à la petite noblesse militaire française, héritière des jours noirs de la Conquête de 1760. Ils étaient donc à l'aise en terre française. Leur culture, leur savoir-faire, leur élégance simple, naturelle avec un brin de froideur à l'occasion, les rendaient populaires auprès des gouvernements et des chancelleries étrangers. Mais lorsqu'ils revenaient au pays tous les quatre ans, ils choisissaient, si leur Premier ministre acceptait leurs préférences, d'y venir durant l'été. Or, durant les mois de chaleur, la plupart des Premiers ministres et leur famille habitaient Harrington Lake, leur résidence secondaire et estivale. Les Lemurest louaient habituellement le même chalet, à quelques kilomètres de la résidence du Premier ministre, afin de pouvoir s'y rendre rapidement s'ils étaient invités. Tous les deux étaient conscients que même durant son congé le Premier ministre travaillait sans relâche à divers dossiers. Mais à la fin de leur séjour au Canada, avant de retourner en poste en Europe ou en Afrique, Renaud rencontrait habituellement le chef de l'État à son bureau du Parlement, ce qui facilitait les choses entre l'ambassadeur et les conseillers du Premier ministre.

Ils étaient donc à l'aise chez les Lecarré, mais savaient garder une distance respectueuse entre eux et le couple le plus important du pays.

Renaud avait maîtrisé depuis des années la capacité de tout voir en un rien de temps, et il était stupéfait de constater que, malgré les inévitables critiques outaouaises et canadiennes contre la splendeur de la résidence officielle du chef de l'État, celle-ci n'était pas exagérément luxueuse. «Nous étions mieux logés à Paris et au Cameroun que lui et son épouse ici», se disait-il intérieurement. Pourtant, la simplicité chaleureuse de Mme Lecarré, jointe à la jovialité spontanée du Premier ministre, les avait mis à l'aise. Renaud était heureux de constater qu'une amitié se tissait entre son épouse et celle du Premier ministre, alors que Mathilde était étonnée par la chaleur du dialogue entre le Premier ministre et Renaud. «Ils sont charmants tous les deux», se disait-elle en observant combien détendue était leur conversation.

– Passons dans la bibliothèque pour prendre notre café, suggéra Mme Lecarré.

Une fois qu'ils furent installés dans de confortables mais très modestes fauteuils, le Premier ministre dit tout à coup, d'une voix un peu plus officielle:

– Vous devez vous demander, monsieur Lemurest, pourquoi je vous ai fait revenir de Paris sans préavis.

Instinctivement, Renaud se redressa et retrouva le ton plus froid du diplomate, tout en demeurant respectueux devant le «grand patron».

– Oui, monsieur le Premier ministre. Ma femme et moi avons été étonnés de mon rappel, mais vous êtes le chef du gouvernement et je fus votre ambassadeur, donc aussi votre serviteur.

Il regarda gravement le Premier ministre, qui répliqua:

— Je suis un admirateur inconditionnel de vos qualités de diplomate et je ne les ai jamais remises en cause, cela je vous le jure. Mais j'ai besoin de vous près de moi. Vous avez droit à mon entière franchise et vous l'aurez.

— Veux-tu demeurer seul avec ton ambassadeur, chéri? lui demanda son épouse.

— Non, répondit-il. J'ai besoin de vous, madame, et de toi aussi, Céline, et tu sais pourquoi. Que pensez-vous de notre politique étrangère, Lemurest?

— En avez-vous une, monsieur? répondit Renaud avec un rien d'ironie.

Le Premier ministre sursauta, regarda attentivement et sévèrement son invité, puis, se tournant vers sa femme également étonnée par la brusquerie du diplomate, il éclata de rire.

— Eh bien, qu'en dis-tu, ma femme? Je ne me suis pas trompé sur notre homme. Il est capable de fermeté sous sa belle allure de grand seigneur.

— Je ne suis pas grand seigneur, monsieur, protesta assez froidement Renaud, mais un ambassadeur comme tous les autres.

— Mais au début de la colonie, vos ancêtres appartenaient à la noblesse militaire. Les miens étaient paysans, illettrés.

— Nous sommes nés au Québec, Mathilde et moi, mais nous avons été absents de chez nous depuis près de vingt ans. Je ne connais pas le Québec actuel et cela m'attriste énormément. Nous cherchons une maison ou un appartement en attendant de loger définitivement dans le comté qui est celui de ma famille depuis 1642.

– Où êtes-vous nés, tous les deux ? demanda Céline Lecarré.

– Dans une région qui se nomme maintenant Blanc-Mouton.

Le Premier ministre et sa femme se regardèrent, abasourdis par cette coïncidence. Le Premier ministre se leva et dit, en regardant Céline :

– Et après cela, mes adversaires diront que je n'ai aucun flair politique.

À leur tour, les Lemurest se regardèrent, étonnés de la réaction du Premier ministre.

– Pourquoi, osa alors demander Renaud, notre lieu ancestral vous intéresse-t-il à ce point ?

Le Premier ministre se leva, sortit de la pièce et revint quelques secondes plus tard. Céline l'observait et lui dit :

– Tu lui dois la vérité, Alain, et toute la vérité, je crois.

– Oui. C'est pourquoi Bob Lefaivre sera ici dans quelques minutes.

– Que se passe-t-il, monsieur, et de quelle vérité s'agit-il ? demanda Renaud, subitement inquiet.

– De celle qui vous attend tous les deux si vous voulez servir votre pays et mon gouvernement...

– Servir, oui, mais où ? demanda Mathilde nerveusement.

– J'ai nommé Émile Rouleau à Paris pour vous faire revenir au pays parce que j'ai des plans qui vous concernent. Ils sont d'une importance extrême. J'avais décidé, avec Lefaivre, de vous forcer la main en ma faveur, mais, vous connaissant mieux aujourd'hui, je vais vous mettre au courant de ce que j'attends de vous deux, et j'ai bien dit «de vous deux». Une élection partielle aura lieu dans un mois dans Blanc-Mouton, et Rouleau s'est engagé à nommer l'actuel député PDG de ses usines. C'est seulement à cette condition qu'il vous remplacera pour quelques mois à Paris. Ensuite, vous le dirigerez vers un autre pays. Il est un peu trop crétin pour la France, et j'en suis conscient.

– Mais comment, moi, pourrai-je... ?

– Écoutez-moi, Renaud, et ensuite vous me donnerez ce soir, oui, ce soir, une réponse, lorsque Lefaivre sera ici. Je vous destine à devenir ministre des Affaires étrangères du Canada, et vous serez bientôt le plus prestigieux représentant de notre pays dans le monde. Mais avant, vous devrez vous présenter dans Blanc-Mouton. Lefaivre a déjà commencé à préparer votre victoire. Vous gagnerez sans effort le comté. Une semaine plus tard, vous partirez en Europe, visiter toutes nos ambassades dans les pays avec lesquels nous sommes liés. Je n'ai pas de structures bien définies pour notre politique étrangère et j'en suis conscient. Vous venez de me le dire franchement.

– Mais, riposta Renaud, est-ce que je sais ce que je devrai négocier?

– Non, pas encore, mais vous aurez un mois pour tracer les axes de ma politique étrangère et pour convaincre le cabinet de vous accorder sa confiance.

— Je ne suis pas un homme politique, répliqua doucement Renaud, mais je sais reconnaître les stratégies politiques. La vôtre me flatte, monsieur, et en même temps elle me gêne. Les électeurs de Blanc-Mouton accepteront-ils le troc que vous leur proposerez?

— Je me fiche éperdument de ce que vous pensez de mon plan. Je vous veux aux Affaires étrangères et je me porterai responsable de mes décisions devant vos électeurs, qu'elles vous plaisent ou non. J'assume toujours mes responsabilités, Renaud, même quand je me trompe. Mais, cette fois, je ne me trompe pas.

Robert Lefaivre entra. Renaud se leva pour lui serrer la main.

— Ma femme m'a chargé de vous rappeler son amitié et son admiration, madame, dit Lefaivre à Mathilde.

Il prit place auprès du Premier ministre, posa un cartable sur ses genoux et attendit.

— Aidez-moi, Bob, à convaincre Renaud Lemurest que je ne suis pas un hypocrite et que les électeurs de Blanc-Mouton sauront reconnaître ses qualités, lui intima brusquement le Premier ministre.

Renaud les regarda sans rien dire, le visage durci, la mine sévère.

— Le Premier ministre, le cabinet, notre pays et sans doute d'autres régions du monde ont besoin de nos ressources humaines, expliqua posément Robert Lefaivre. Nos richesses, nos libertés, poursuivit-il, nous valent la confiance de plusieurs peuples. Vous êtes le seul en ce moment à savoir comment nous réconcilier avec certains présidents ou Premiers ministres dans le monde enflammé, appauvri par les guerres. Nous avons besoin de vous, non seulement sur le plan de la politique partisane, mais surtout au niveau de la démocratie et de la paix. Si vous refusez l'honneur que vous réserve le Premier ministre, vous vous retrouverez bien seul au pays.

Renaud se leva et toisa le président du parti du Rassemblement national.

— Je n'aime guère les menaces, monsieur Lefaivre.

— Et moi, dit le Premier ministre, je n'aime guère qu'on me refuse une faveur, surtout si elle est de taille comme celle que je vous offre. Vous étiez ambassadeur hier, Renaud ; que voulez-vous donc être demain ?

— Puis-je réfléchir quelques jours à votre proposition ? demanda Renaud. J'aimerais causer de tout cela avec Mathilde.

— Non, lui répondit Lefaivre. Nous sommes déjà trop nombreux à connaître le projet que nous avons pour vous.

— Serai-je vraiment libre de proposer les grandes lignes concernant la place du Canada dans le monde ?

— Oui, répondit fermement le Premier ministre, mais à la condition de ne pas contredire ce qui me tient le plus à cœur.

— Qu'est-ce ? osa demander Renaud.

— Ma liberté, la vôtre et celle des pays avec lesquels nous sommes alliés.

— Pourrai-je conserver Philippe Granvert à mes côtés ?

— Oui. Il deviendra votre sous-ministre, si vous le désirez.

– Non, car un sous-ministre demeure au Parlement, et j'aurai besoin de lui partout où je me rendrai...

– Alors, dit Mathilde en marchant vers lui, tu acceptes? Oh! que je suis fière de toi, Renaud... et surtout de votre confiance en lui, monsieur le Premier ministre! dit-elle doucement en se tournant vers ce dernier.

– Attends, Mathilde, attends. Je n'ai pas encore accepté le... l'honneur que me fait le Premier ministre.

– Quelles promesses me faut-il encore vous faire, Renaud? lui demanda ironiquement le Premier ministre.

– Serai-je libre dans mes mouvements, mes voyages, et est-ce que Mathilde m'accompagnera? Une dernière question: où travaillerai-je et avec qui, pour établir un projet de politique étrangère?

À minuit, Renaud Lemurest était candidat dans Blanc-Mouton et Mathilde avait accepté, à la demande du Premier ministre et de sa femme, de tenter, à titre officiel de présidente de la Solidarité des Femmes du Monde, mais sans salaire, de rallier l'organisme à la cause de la paix et de la solidarité mondiales.

– Vous aurez, lui avait dit le Premier ministre, la responsabilité d'établir des ponts entre toutes celles qui auraient besoin de compréhension et d'appui de la part du gouvernement canadien. Cette nomination est une première dans l'histoire politique, mais je vous fais confiance, madame, et ma femme aussi, lui dit-il galamment. Seulement, je devrai attendre la victoire dans la partielle de Blanc-Mouton pour annoncer votre fonction officielle auprès de votre mari.

Mathilde était heureuse de la confiance du Premier ministre et de son épouse, et, devant sa joie, Renaud demeura silencieux, visiblement ému. Ils revinrent à l'hôtel vers minuit, épuisés, étonnés, flattés, mais un peu inquiets. Il y avait de quoi. Il fallait maintenant faire campagne dans Blanc-Mouton, un comté dont Renaud ne connaissait guère les besoins ni les problèmes. Il répétait à Mathilde avec angoisse:

– Surtout, je dois réussir à me faire élire...

* * *

Dix jours plus tard, flanqué de Mathilde et de Renaud Lemurest, le Premier ministre Lecarré annonçait au Club de Presse, devant de nombreux journalistes anglophones et francophones, la candidature de l'ex-ambassadeur du Canada en France dans le comté de Blanc-Mouton. Tant parmi les éditorialistes et les commentateurs qu'au sein de la Chambre des communes, la nouvelle fit sensation. Le jour où le Premier ministre se rendit en Chambre pour prendre part à la période des questions, Mathilde et Renaud étaient tous deux assis dans la galerie des invités, immobiles, souriants et attentifs au débat les concernant. Il se dégageait d'eux une telle aura de dignité que bientôt même le chef de l'opposition souhaita bonne chance au nouveau candidat, en lui promettant cependant, mais en souriant, de livrer une dure bataille à l'ex-ambassadeur du Canada en France.

Dès le lendemain, Renaud se rendit à Bergerville, principale municipalité de Blanc-Mouton, avec Mathilde et Philippe pour rencontrer le président de son comité de soutien. Robert Lefaivre était sur place, et Renaud, bien briefé par le président de son parti, discuta avec son entourage, et promit d'écouter son équipe et de livrer une campagne bien structurée.

Sur les conseils de Lefaivre, Mathilde, accompagnée de Philippe au volant de leur voiture louée, partit une heure plus tard visiter le comté. Le président du comité de Renaud lui avait conseillé de se laisser voir par les citoyens des diverses municipalités, d'y visiter quelques magasins et dépanneurs, afin de se faire connaître.

Installée aux côtés de Philippe, Mathilde ne parlait pas. Lui non plus. Il conduisait lentement, ne sachant guère comment se diriger dans Bergerville. Tout à coup, il se tourna vers Mathilde et lui dit doucement:

— J'ai cru que jamais plus je ne me retrouverais seul avec toi... pardon... avec vous.

— Philippe, il nous faut absolument oublier le passé. Aucun de nous ne doit prendre des risques en réveillant un bonheur à tout jamais perdu.

— Je ne vous oublierai jamais, Mathilde, et vous le savez fort bien.

— Mais il nous faut tous les deux radier de notre mémoire et surtout de nos conversations toute allusion à notre brève liaison. S'il fallait qu'une indiscrétion révèle à Renaud ce que jamais je n'aurais dû me permettre, votre carrière serait terminée. Philippe, vous êtes marié avec une Élise qui vous adore, et nous nous sommes aimés avant votre mariage. Donc, vous ne devez en aucun cas lui faire du mal. Si vous osiez, je demanderais à Renaud de se défaire de vous.

— Malgré tout cela, ajouta Philippe, jamais je ne vous oublierai, car jamais je ne fus plus heureux que durant cette semaine où nous nous sommes retrouvés seuls durant la visite de votre mari dans plusieurs régions du Cameroun.

— Nous avons été fous...

— De joie, oui. Mathilde, souvenez-vous...

— Non, Philippe, je ne veux pas, je ne peux pas me souvenir d'avoir trompé Renaud. Nous sommes heureux tous les deux, et, sauf pour cette semaine durant laquelle j'ai perdu la tête et un peu de mon cœur, nous l'avons toujours été. Je ferai tout en mon pouvoir pour le demeurer. Les citoyens disent et pensent assez de mal des élus et des déçus de la politique pour qu'au moins Renaud et moi tentions de semer la confiance autour de nous.

— Moi aussi, Mathilde, je cherche à oublier ce bonheur perdu, mais je n'y arrive pas aussi facilement que vous. Je vous ai tant aimée, tant désirée...

— Philippe, si vous continuez à remuer ces souvenirs, vous les rendrez insupportables. Nous avons de graves responsabilités, vous et moi, et plus encore que moi, Philippe, vous connaissez le danger de l'écoute secrète des conversations téléphoniques, et même domiciliaires. En Europe, la chose est courante dans les chancelleries et les ambassades; qui sait si Ottawa n'a pas déjà appris la recette de l'indiscrétion politique? Et qui sait si cette voiture n'est pas sur écoute secrète?

Philippe la regarda, étonné, mais encore souriant.

— Je serai prudent, mais rien ne peut m'interdire de vous désirer, de souhaiter être seul avec vous...

— Élise le peut, et si vous l'oubliez, moi je me souviendrai de son adoration pour vous, lui répondit-elle sévèrement. De plus, Philippe, je tiens à ce que vous sachiez et approuviez mon désir d'en faire le chef du cabinet fantôme dont le Premier ministre m'a parlé, concernant les femmes des pays que nous allons visiter.

— J'ignore ce dont vous me parlez, fit alors Philippe.

Mathilde relata la conversation qu'elle avait eue avec Mme Lecarré et le Premier ministre, concernant son rôle à titre d'épouse du futur ministre des Affaires étrangères.

— Si, bien sûr, ajouta-t-elle en souriant, nous réussissons à le faire élire.

— L'affaire est déjà dans le sac, stipula Philippe, conscient que leur conversation intime était terminée. Je suis certain qu'Élise vous sera très utile, si elle le souhaite. Elle parle trois ou quatre langues et s'intéresse au rôle des femmes dans le monde. Me permettez-vous, madame, de lui parler de votre projet?

Et ils continuèrent leur première visite dans le comté de Blanc-Mouton, pour se familiariser avec les lieux dans lesquels ils habiteraient après l'élection, si, bien sûr, Renaud Lemurest remportait la victoire.

12

– Jamais, répétait Renaud à Mathilde, nous n'avons tant travaillé. Si j'avais su ce qui serait exigé de nous pour cette élection, jamais, ma chérie, je te le répète, je ne t'aurais entraînée dans cette aventure.

– J'aime mieux être fatiguée dans cet appartement confortable mais peu élégant que Robert Lefaivre a déniché pour nous, que dans notre suite au Château Laurier. Heureusement qu'il ne sera jamais notre conseiller politique.

– Tu ne sembles pas l'aimer beaucoup, Mathilde. Pourquoi?

– Il est toujours brusque, estimant avoir constamment raison contre nos arguments. Je ne suis pas rompue à la grossièreté politique. La diplomatie était plus subtile.

– Oui, mais avouons que tenter de me faire élire ici en habitant un hôtel de grand luxe dans la capitale, ce n'était sûrement pas la meilleure façon de gagner la confiance et le respect des électeurs. Dans ce cas, je lui donne raison. Mais je me sens en dehors de cette élection, tel un étranger parmi les siens.

– Mais tu réussis fort bien. Franchement, Renaud, tu m'épates. Du diplomate chevronné, prudent, poli que tu fus durant près de vingt ans, tu es devenu en un mois un politicien redoutable, un orateur piquant qui touche profondément le cœur et l'imagination des électeurs.

– Et toi, Mathilde, t'es-tu entendue leur parler ?

– Non, mais je prends goût à rencontrer nos compatriotes, à les entendre parler de ce pays dont nous fûmes absents trop longtemps.

– Oui, et c'est là ma faiblesse, Mathilde. Mon adversaire, qui n'a pas «la tête à Papineau» comme on disait autrefois, ne rate pas une occasion de rappeler aux électeurs qu'il connaît tellement mieux que moi les problèmes actuels du comté, dans lequel il habite depuis dix ans. Il a raison. Il reste que je suis natif de ce comté et qu'il ne l'est pas.

– Je ressens une certaine angoisse lorsque, dans les assemblées de cuisine...

– Ah ! fit Renaud en riant, tu apprends comment cuisiner nos repas...

– Nous ne sommes jamais à la maison ; alors, te cuire un cassoulet, ce n'est pas pour demain, fit-elle en riant. Contentons-nous des poulets au barbecue. Pauvres poulets ! ajouta-t-elle. Peux-tu imaginer la tête que ferait le chef Noureux, à l'ambassade à Paris ?

– J'avoue que sa haute gastronomie me manque, mais pas à ce point. Car demain, si je remporte la victoire dans Blanc-Mouton, nous louerons une maison spacieuse et nous aurons des domestiques.

– Renaud, même si nous avons obtenu la promesse du Premier ministre de voyager ensemble, en certaines occasions ma place sera ici, pour te remplacer dans le comté, mais aussi pour me familiariser avec les difficultés auxquelles font face les citoyennes canadiennes.

– Mathilde, essaies-tu de me dire que tu ne me suivras pas dans mes voyages ?

– Renaud, ne soyons pas assez naïfs politiquement pour imaginer que ma nomination plaira à tout le monde. Donc, je devrai assumer deux rôles. Devenir la femme du ministre et une autre femme dotée de responsabilités qui pourraient me forcer à voyager seule une fois de temps en temps.

– Seule, jamais, trancha Renaud. Philippe et sa femme t'accompagneront, puisque tu me disais hier soir qu'Élise acceptait de devenir le chef de ton cabinet inexistant, admit-il en souriant.

– Je ne voyagerai pas souvent sans toi, je te le jure. Je t'aime, Renaud, et en ce moment je suis fière de toi. Je ne te connaissais pas ces dons d'orateur, de politicien qui ne s'en laisse imposer par personne.

– Mais penses-tu que ce soir tu me laisseras m'imposer à toi dans notre lit ?

– Oui, oui, et maintenant. Puisque nous avons une soirée à nous, vivons-la pour nous. Et au diable la politique !

13

Une semaine plus tard, le président du Rassemblement national avait convaincu Renaud – sans possibilité de refus de sa part – de tenir une grande assemblée dans le sous-bassement de l'église de Bergerville. Le Premier ministre avait promis d'y assister et il s'était lui-même surpris à accepter de présenter son candidat à l'auditoire.

Une telle courtoisie ne se manifestait que rarement en politique. Le Premier ministre Lecarré visitait très peu les circonscriptions de ses candidats, trop occupé lui-même à sillonner ce pays «d'un Atlantique à l'autre», avait dit un jour sans broncher l'ancien député du comté.

Renaud était nerveux, Mathilde aussi. Tous les deux avaient répété devant Philippe, lui un discours étoffé, elle une courte allocution pour affirmer que désormais ils habiteraient dans Blanc-Mouton, donc demeureraient à l'écoute des électeurs, elle tout autant que lui.

Renaud pressentait que son premier grand discours allait lui mériter la faveur ou la désapprobation des électeurs de Blanc-Mouton. Les journalistes se déplaçaient rarement pour un obscur candidat, et surtout pour une partielle, mais la presse avait eu vent de la présence du Premier ministre et de son épouse, venus épauler ouvertement Renaud Lemurest. Et, contrevenant à tous les usages politiques, Lecarré s'était laissé convaincre par le président du parti d'annoncer que la victoire de Lemurest assurerait au comté un ministre de premier plan.

— Ne mettrais-je pas la charrue avant les bœufs ? lui demanda le Premier ministre.

— Non, monsieur, répondit Lefaivre. Votre puissant appui, votre confiance évidente dans notre candidat comblera ses lacunes personnelles.

— Quelles lacunes ? gronda le Premier ministre.

— Sa méconnaissance des problèmes actuels du gouvernement et du pays. Il a vécu en Europe et en Afrique durant des années. Ses rares séjours ici ne lui ont pas permis de bien connaître les besoins de notre population. Les électeurs ne s'y tromperont pas, monsieur le Premier ministre. Mais si vous annoncez déjà sa future participation à votre cabinet, du coup vous le réhabiliterez à leurs yeux. Avez-vous pris le temps de lire la presse nationale depuis l'annonce de la tenue de cette partielle ? Demain soir, non seulement les gens de Blanc-Mouton l'écouteront, mais tout le pays le connaîtra à travers les grands médias d'information.

— Devrais-je lire son discours avant de l'entendre ce soir ? demanda un peu nerveusement le Premier ministre.

— Ce serait un bon moyen de le paralyser. Philippe Granvert m'a téléphoné pour me rassurer. Ce discours, a-t-il affirmé, fera époque dans nos annales politiques.

– En fait, Robert, demain soir, Renaud perd ou gagne l'élection.

– Il la gagnera. Nous avons «paqueté» la salle.

– Aucun de mes ministres anglophones n'a accepté de m'accompagner, soupira le Premier ministre.

– Cela vous étonne? fit ironiquement Lefaivre.

– Non. Cela me laisse simplement prévoir des affrontements de taille le jour où ils s'apercevront du poids politique de Lemurest.

14

La salle était comble. Les journalistes avaient osé une interview éclair avec le Premier ministre, mais Lemurest, interloqué par le *scrum* des représentants des médias, se tenait loin des micros et des caméras qui étouffaient le chef du gouvernement. Mathilde, qui n'avait jamais assisté à de pareilles scènes à l'étranger, se tenait entre Renaud et Philippe. Le conseiller diplomatique n'avait lui non plus jamais vu une telle mêlée autour d'un chef d'État et il se demandait comment l'ex-ambassadeur réussirait à maintenir une distance respectueuse entre lui et les journalistes, et s'il tiendrait le coup devant cette barbarie médiatique habituelle au pays.

Petit à petit, le calme revint. Le Premier ministre et son épouse prirent place au premier rang de la salle. Ils furent ovationnés. Quelques secondes plus tard, Renaud et Mathilde, la main dans la main, montèrent sur le podium, et, saluant chaque membre du comité de soutien, s'assirent à leur tour. Le candidat et sa femme étaient évidemment nerveux, mais ils faisaient de leur mieux pour paraître à l'aise devant une foule enthousiaste qui hurlait en se levant pour brandir des pancartes sur lesquelles on pouvait lire: «Lemurest, député de la paix».

Maurice Lapierre, attaché de presse du Premier ministre, vint informer celui-ci que le moment était venu de présenter le candidat. Lecarré se dirigea vers le micro, placé au milieu de la scène. La secrétaire du comté présenta à Mathilde une gerbe de roses. La salle se leva encore une fois pour applaudir et crier: «Mathilde! Mathilde! Mathilde!» Celle-ci, émue, se leva à son tour, s'inclina légèrement en souriant, puis reprit son fauteuil. Le Premier ministre, sans notes, parfaitement à l'aise, visiblement réjoui de l'enthousiasme régnant, commença à parler:

– Électrices et électeurs de Blanc-Mouton, je suis venu ici ce soir avec mon épouse pour manifester publiquement ma confiance en votre candidat, Renaud Lemurest, et pour vous demander de le soutenir dans cette élection. J'ai besoin de lui, de ses connaissances en politique internationale, de son talent. Il représentera au sein de la Chambre des communes votre comté. Je le sais suffisamment impliqué dans votre région, mesdames et messieurs, pour vous assurer qu'en peu de temps il en saura autant sur vos besoins, vos demandes, vos problèmes, que le député sortant.

Le Premier ministre fit une pause, puis il ajouta:

– Je vous dirai ce soir, sans crainte d'une défaite pour M. Lemurest, qu'une fois élu il rejoindra mon cabinet. Cette promesse, je la fais solennellement devant vous...

Il dut s'interrompre car tout le monde s'était levé et criait bravo.

Le Premier ministre ajouta encore quelques phrases, puis il présenta officiellement Renaud Lemurest et son épouse aux électeurs de Blanc-Mouton. Il prit place à côté de Céline qui lui murmura :

– Tu as dit exactement ce qu'il fallait. Écoute l'assistance. Notre ami n'est pas en danger...

Lorsque Renaud se rendit au micro, les applaudissements fusaient de tous les coins de la vaste salle paroissiale. Il était visiblement ému. Mathilde, debout à ses côtés, l'était aussi. Elle salua la foule et retourna à son siège. Et enfin Renaud Lemurest entra dans la course électorale, rassuré par la confiance du Premier ministre et la joie de l'assistance.

– Monsieur le Premier ministre, madame Lecarré, madame mon épouse, fit-il en souriant tendrement, mesdames et messieurs, non, malgré ce que prétend mon illustre adversaire, je ne suis pas étranger à Blanc-Mouton. J'y suis né, par ancêtres interposés, il y a trois cents ans, au lendemain de la bataille des plaines d'Abraham. Antonin Lemurest était le capitaine du régiment de Guyane; il est demeuré en Nouvelle-France malgré la Conquête et moi j'y suis encore...

La salle trépignait. D'une voix grave et mélodieuse, et sans se livrer aux habituelles tirades si chères à ceux qui n'ont rien à dire en politique et le disent longtemps et souvent, Renaud fit pour les électeurs de Blanc-Mouton un rapide tour d'horizon des pays dans lesquels il avait séjourné à titre d'ambassadeur du Canada, rappela la tourmente qui avait secoué l'Afrique du Rwanda au Zaïre et ajouta :

– Si seulement mes mots étaient des images, vous ne pourriez les supporter. Ces enfants qui pourraient être les vôtres, meurtris, amputés, et toujours silencieux. Ces femmes qui pourraient être les vôtres, la mienne, agressées, violées, battues, au nom de la race. Ces Casques bleus censés protéger la paix, en guerre malgré eux, prisonniers malgré eux, morts au nom de la fraternité humaine que nous possédons sans nous en rendre compte. Nos journaux mettent souvent à la une un meurtre, une agression sexuelle, une bataille de rue, mais ils se taisent parfois sur l'horreur des guerres que Mathilde et moi avons vues de près. Gens de Blanc-Mouton, aidez notre gouvernement et notre Premier ministre Lecarré à faire entendre la voix de la paix...

Et il enchaîna en promettant que son expérience diplomatique ne l'empêcherait sûrement pas de se plonger dans les difficultés de Blanc-Mouton pour trouver des moyens de les résoudre.

À la fin de son discours, la salle était conquise, le Premier ministre rassuré, Mathilde rayonnante. Un vent de victoire électorale soufflait sur l'auditoire. Renaud Lemurest venait de goûter à l'ivresse d'un pouvoir naissant.

15

Trois semaines plus tard, Renaud était député de Blanc-Mouton. Sa victoire, une «tornade» disaient ses organisateurs, avait déferlé sur la région. Son adversaire avait eu droit à moins de douze pour cent du vote. Renaud et Mathilde étaient tous les deux épuisés par le porte-à-porte, «"porte-à-cœur" pour moi» avait dit Mathilde à Élise, l'épouse de Philippe Granvert, qui l'avait accompagnée dans la tournée du comté. Mais au lendemain de cette victoire éclatante, alors qu'il avait aussitôt été nommé ministre des Affaires étrangères, Renaud dut se soumettre aux entrevues, aux rencontres avec les éditorialistes, et finalement avec le cabinet Lecarré.

– Pour résumer le climat de la première réunion avec mes collègues, je dirais que je fus cordialement mais froidement accueilli, dit-il à Mathilde alors qu'ils dînaient tous deux pour la première fois au restaurant *Le Parlementaire*.

– Le plus réticent, continua Renaud, fut, et c'est peut-être normal, Brendan Channing, le ministre des Finances, qui se crut obligé de me rappeler que les membres du cabinet vivent «*less grandly than most of our diplomats. Please remember this fact, Minister*».

– J'espère que tu lui as répondu que nos vies ont été plus souvent en danger que la sienne, répondit Mathilde en colère.

– Non, ma chérie. Je l'ai regardé en lui disant froidement à mon tour, et en anglais bien sûr: «*Yes, Minister, but after seeing one or two ministers's offices in Parliament, I can assure you that some of our embassies abroad are indeed quite modest.*» J'ai vu le Premier ministre esquisser un petit sourire, puis j'ai écouté les discussions entre lui et les ministres. Quelle étrange vie nous allons désormais mener! Je partirai, sans toi hélas, la semaine prochaine pour une tournée de toutes nos ambassades avec les hauts fonctionnaires de mon ministère. Au retour, je tracerai avec eux les grands axes de notre politique étrangère.

16

— Alors, dit François Durand, le chef de cabinet du Premier ministre, debout devant celui-ci dans son immense bureau du Parlement, vous devez être heureux du prestige de votre ministre des Affaires étrangères.

— Sa victoire est prestigieuse, oui, mais...

— Mais quoi? Vous n'êtes pas satisfait de sa performance dans Blanc-Mouton?

— Oui, François, très satisfait. Il a fait taire ceux et celles qui dans les médias, dans mon gouvernement et dans l'opposition m'ont critiqué, et durement, avouez-le.

— Mais aujourd'hui...

— François, dit le Premier ministre en se levant, la victoire fulgurante de Lemurest annonce ma défaite dans quatre ans.

— Monsieur Lecarré, vous exagérez. Vous venez de démontrer au pays tout entier votre flair politique. Je ne comprends pas votre raisonnement.

— Surveillez le cheminement politique et diplomatique de mon nouveau ministre. Il me dépasse de cent coudées. J'ai l'air d'un lourd personnage en comparaison avec sa culture, son aisance...

— Vous avez l'air, monsieur le Premier ministre, d'un homme capable de s'attirer les plus grandes intelligences du pays, et ce n'est pas un mince succès pour le gouvernement que l'arrivée de Lemurest dans nos rangs. Nous sommes fiers de vous ici, monsieur.

— Mais moi, je suis inquiet. Je ne laisserai pas Lemurest à Ottawa très longtemps. Il voyagera souvent. Les médias, qui font et défont nos victoires, n'auront pas le loisir de chanter sa gloire, de vanter ses prouesses et de le profiler dans six mois comme le prochain Premier ministre du pays. Je ne suis pas naïf, François, ne l'oubliez jamais.

17

« Soir de gloire, matin de déboires», se disait Renaud Lemurest, confortablement installé dans son fauteuil à l'arrière de l'avion que le Premier ministre avait mis à sa disposition pour sa tournée internationale. La presse, qui avait vanté sa victoire et sa prestance quelques jours auparavant, critiquait maintenant ce voyage dans l'avion personnel du Premier ministre. Occupés à saper l'autorité et surtout l'intégrité du nouveau ministre, les commentateurs ne songeaient surtout pas au temps et aux sommes d'argent qu'il en coûterait au gouvernement pour inciter le ministre des Affaires étrangères à voyager en touriste et en classe économique. Mais ses pires détracteurs étaient, eux aussi, confortablement installés dans l'avion du Premier ministre, tous, anglophones et francophones, mandatés par leurs réseaux d'information pour commenter le comportement diplomatique et politique du nouveau ministre.

Renaud Lemurest lisait les journaux que Philippe Granvert avait déposés devant lui. À titre de chef de cabinet, Granvert assurait le confort intellectuel et politique du nouveau ministre. Sa longue habitude de le seconder dans ses tâches diplomatiques l'avait sensibilisé à l'humeur de Lemurest.

– Dire, lui confia celui-ci, que la presse en est rendue à critiquer le fait que, comme tous les membres du corps diplomatique et du cabinet Lecarré, je suis doté d'une voiture et d'un chauffeur. À les lire, poursuivit-il en indiquant à Philippe un éditorial du *Toronto Star*, on jurerait que je suis le premier membre du cabinet à être ainsi traité.

Ces critiques exaspéraient tous les politiciens, qui se voyaient depuis des années accusés d'avoir des idées de fausse grandeur.

– Alors que, ajouta en soupirant Renaud, la voiture est un simple bureau sur roues, doté d'un cellulaire, d'un télécopieur et d'un chauffeur qui est également un garde du corps et qui, selon nos besoins, se transforme en secrétaire, en messager, en assistant et souvent même en conseiller. Nous sommes moins surveillés et plus respectés dans nos ambassades que dans nos ministères, si j'en crois mes collègues qui m'ont expliqué, hier, le sens de ces attaques mesquines.

Philippe le comprenait car lui aussi, depuis son affectation au cabinet du nouveau ministre, avait été critiqué pour sa nomination, ses fonctions et sa manière un peu distante de traiter le personnel du ministère, qui le lui rendait bien en évitant de lui parler ou de l'inviter au Club de Presse. Avant son départ pour l'Afrique, Renaud avait prié Mathilde d'aménager son bureau de comté, tandis que ses fonctionnaires avaient, avec diligence et bon goût, préparé le sien pour son retour.

— De plus, avait-il dit à Mathilde, trouve-nous une maison convenable pour remplir nos nouvelles responsabilités. Il me paraît essentiel de nous installer au plus tôt, afin de mieux travailler. Ta nomination comme présidente de la Solidarité des Femmes du Monde a été mieux acceptée que je ne le prévoyais...

— Pourquoi dis-tu cela?

— Parce que, ma chérie, autant notre population peste contre les épouses des diplomates, Premiers ministres ou ministres, qui ne font rien ou ne vivent que pour recevoir, comme hélas nous l'avons fait si souvent durant nos années à l'étranger, autant les électeurs souhaitent élire ceux et celles qui n'ont aucun mandat pour agir en leur nom et qui cependant le font. Tu es belle, populaire, discrète. Alors, essayons, chacun de notre côté, de bien remplir nos obligations en nous logeant à Ottawa et en ouvrant notre futur logement à nos collègues, conseillers et amis. Je ne veux pas devenir un ministre distant, et je te sais trop humaine et chaleureuse pour agir en solitaire hautaine et snob.

— Tu as raison, avait-elle dit.

Et en allant le reconduire à l'aéroport d'Ottawa le soir de son départ pour le Cameroun, elle avait précisé, avec une grande tristesse:

— Sans Philippe et toi, je serai si seule ici, Renaud. Reviens vite et dis-toi que je ferai tout le nécessaire pour nous rendre l'existence agréable. Ne m'oublie pas.

18

Déjà Renaud pensait à Véronique, sa secrétaire demeurée à l'ambassade du Canada en France après son rappel au pays.

«J'ai besoin d'elle, se disait-il en déposant dans un fauteuil vacant à ses côtés les nombreux dossiers et journaux accumulés. Véronique en connaît plus sur le protocole et sur les us et coutumes des pays étrangers que la plupart de mes fonctionnaires, par ailleurs impeccables mais un peu trop portés à m'inonder de leurs bons conseils.»

Il fit signe à Philippe de prendre place à ses côtés.

– Je souhaite ramener Véronique avec nous, lui dit-il. Un ministre a sûrement plus d'influence qu'un diplomate, et je vous prie de la convaincre de revenir avec nous. Elle sera précieuse au ministère.

Ils causèrent tous les deux durant de longues heures, et, chaque fois que Renaud fermait un dossier, Philippe allait quérir, à l'avant de l'avion, un fonctionnaire chargé de lui expliquer l'importance de maintenir une continuité politique entre l'ancien et le nouveau gouvernement. Le Premier ministre avait dressé une liste des capitales européennes et africaines pour Renaud. Il voulait être désormais mieux informé quant à l'orientation de sa nouvelle politique étrangère.

19

Philippe Granvert, fatigué par cette tournée rapide mais enrichissante pour le ministre, était de plus en plus mal à l'aise devant le visage fermé de Renaud Lemurest et devant sa volonté de s'isoler de ses subalternes qui souhaitaient partager leurs réflexions avec lui. Leur séjour à l'ambassade du Canada à Paris l'avait ému et il avait perçu la même réaction chez le ministre, qui toutefois était visiblement mal à l'aise devant le manque de diplomatie et de politesse du nouvel ambassadeur Rouleau. Renaud avait rencontré d'autres ambassadeurs amis, mais il avait exclu Philippe de ses entretiens avec eux.

«Pourquoi?», se demandait Philippe avec angoisse. Mais il avait réussi à convaincre Véronique Moreau de revenir avec eux à Ottawa. Il fut tout de même étonné par son empressement à accéder à la demande du ministre.

– Le nouvel ambassadeur est un grossier personnage et, si je le voulais, je pourrais informer le ministre de ses tactiques de harcèlement sexuel à l'endroit de toutes les femmes de l'ambassade.

– Je préviendrai le ministre, Véronique, fit alors Philippe sur un ton courroucé. Jamais M. Lemurest ne se serait permis un tel comportement. Et entre vous et moi, dans son cas, il s'agirait de séduction personnelle et non de harcèlement. M. Lemurest a toujours été un galant homme, trop parfois, ajouta-t-il en soupirant. Je vous ai fait la cour, Véronique, mais jamais je ne vous ai imposé mes sentiments, ou exigé que vous les partagiez...

– Philippe, il nous faut oublier le passé. Je retourne au Canada pour seconder l'honorable Lemurest et non pour le compromettre par nos sentiments respectifs ou par...

Elle s'interrompit brusquement.

– Ou par les vôtres à son endroit ? fit Philippe sur un ton dépité.

Véronique le regarda et dit brusquement :

– Nous avons chacun notre vie personnelle. Je ne confondrai pas les deux et je vous conseille de m'imiter. Dites au ministre que je redeviendrai sa secrétaire et son agente de liaison avec les autres ministères et chancelleries dans le monde. Je suis née au Canada, mais j'ai été élevée en France par des parents impliqués dans le ministère alors connu comme celui des Affaires extérieures. Donc, je crois être en mesure de bien servir Son Excellence... pardon... le ministre et Mme Lemurest. Mais, Philippe, racontez-moi l'envers de la médaille du retour et de l'élection de M. Lemurest dans Blanc-Mouton, et surtout parlez-moi de la nomination de sa femme à la tête de l'organisme concernant les femmes sur le plan international. Ici, cet honneur fut perçu avec enthousiasme. Comment cette nomination fut-elle acceptée chez nous ?

20

Renaud Lemurest, tout heureux qu'il fût de la présence de Véronique Moreau à bord de l'avion qui ramenait son équipe à Ottawa, avait besoin de solitude. Il venait de comprendre que la diplomatie dont il avait été titulaire durant près de vingt ans avait été un mensonge poli, une toile de fond tissée à même ce que chaque ambassadeur ne voulait pas dire des visées de son pays. Renaud avait compris, au cours de cette tournée dans huit pays d'Afrique et d'Europe, que lui aussi, auparavant, expliquait la politique étrangère de son pays de la façon dont chaque Premier ministre lui avait imposé de le faire.

«Comment ai-je pu, durant de si longues années, tromper tant de monde et tant de collègues? Cette tournée m'a profondément transformé. J'en suis au point de me demander si je ne devrais pas offrir ma démission au Premier ministre Lecarré. Car jamais plus je ne pourrai mentir quant à la nature réelle des relations entre le Canada et certains pays.» N'étant pas homme à se laisser dominer par ses réactions ou impressions, il se leva, marcha jusqu'aux fauteuils de Véronique et de Philippe et leur demanda de venir le retrouver dans le minuscule bureau, séparé du reste des voyageurs par des portes coulissantes.

– J'ai besoin de vous, leur dit-il d'un ton ferme.

Il demanda à Philippe de commander une bouteille de champagne, et pria le personnel de retourner les fauteuils afin que Philippe et Véronique soient face à lui.

– Vous avez été tous les deux mes principaux conseillers durant des années. Je suis novice dans mes nouvelles fonctions de ministre des Affaires étrangères, et, après ce que je viens de vivre et surtout de découvrir, j'en suis venu à me demander si je ne devrais pas retourner à la vie diplomatique et tourner le dos aux mensonges et roueries politiques avant qu'il ne soit trop tard.

Interloqués par le ton et l'intensité de la voix du ministre, Véronique et Philippe le regardèrent, inquiets.

– Puisque vous désirez nous parler, monsieur le ministre, fit alors Véronique, je vous connais suffisamment pour deviner que vous venez de vivre des heures difficiles.

– Pourquoi donc, monsieur le ministre, demanda Philippe gravement, m'avez-vous écarté de vous depuis quelques jours? Vos fonctionnaires sont également inquiets et tous se demandent si vous êtes mécontent de leurs dossiers.

– De leurs dossiers, non; mais je suis scandalisé par l'écart entre la vérité politique et la vraisemblance diplomatique. Je me suis rendu compte, durant notre tournée dans je ne me souviens plus combien de pays...

– Huit, monsieur le ministre, précisa Philippe.

– Oui, huit, et huit fois je me suis souvenu de mes mensonges diplomatiques lors de mes séjours dans certaines capitales. Je ne peux continuer dans cette voie sans me sentir profondément coupable vis-à-vis du Premier ministre Lecarré, qui me fait confiance. Alors, avant de demander au pilote d'atterrir à Ottawa plutôt qu'à Washington comme nous devions le faire, je souhaite parler aux conseillers du ministère qui nous accompagnent, mais je ne sais comment.

– Que voulez-vous leur dire? osa Véronique un peu timidement.

Le ministre tendit sa coupe à Philippe qui la lui remplit. Il la leva devant Véronique en disant, avec un sourire un peu tendu:

– Merci, Véronique, d'avoir abandonné votre poste à Paris. J'ai besoin de vous et de Philippe, car, ayant été plus ou moins imposé à mon ministère, je crains que nous nous trouvions fort isolés tous les trois si je...

Il s'interrompit et les regarda intensément.

– Si quoi, monsieur le ministre? demanda durement Philippe.

– Si je vous demande, avant d'atterrir chez nous, de prier les fonctionnaires qui nous entourent de se regrouper dans ce petit bureau.

– Pour un point de presse? demanda Philippe.

– Pour un coup de poing de presse, Philippe, répondit le ministre. Écoutez-moi et surtout soyez franc. Je vous estime pour votre loyauté et non pour vos flatteries. Si par hasard je commettais dans quelques minutes une erreur impardonnable...

Le ministre se pencha vers eux, leur tendit les huit dossiers en sa possession et murmura...

21

Mathilde avait trouvé, sur la promenade River Road à Ottawa, une maison convenable, élégante mais sans luxe offensant. Elle avait demandé à Mme Lecarré de venir avec elle, ce qui, elle le savait, était audacieux de sa part, mais la femme du Premier ministre possédait une simplicité qui ne se démentit pas devant l'inquiétude de Mathilde. L'amitié spontanée entre elles avait remplacé le protocole entre l'épouse d'un Premier ministre et celle d'un simple ministre.

— Cette maison est convenable, chic, assez spacieuse pour vous permettre de recevoir, avait observé Céline Lecarré. Je pense, Mathilde, que vous avez bon nez, ou bons yeux, affirma-t-elle en riant.

— Pourvu que Renaud l'aime.

— Vous savez, Mathilde, vos tâches respectives vous obligeront à vous absenter souvent d'Ottawa. Mon mari est un homme fort intelligent, mais de souche paysanne, qui a partagé avec six frères et deux sœurs le peu de biens financiers de son père. Alain n'est pas un homme du monde international. Il possède un flair certain pour la politique de notre pays, mais une ignorance qui inquiète ses partisans et ses collègues du cabinet quant aux complexités de la vie internationale. Voilà pourquoi vous vivrez plus souvent en Europe, en Asie et en Afrique que devant ce merveilleux canal.

Les deux femmes continuèrent de discuter durant quelques instants. Puis Mathilde signa le bail et prit possession de cette maison meublée avec goût, donnant sur le canal où passaient voiliers et yachts de plaisance, et dotée d'une piscine à l'arrière.

«Eh bien, se dit-elle en poussant un soupir de soulagement, nous voici enfin installés. Pourvu que Renaud approuve mon choix...»

22

C'était surtout la décision de Véronique de devenir son adjointe au ministère et de l'accompagner dans
ses futurs voyages que Renaud approuvait.

— J'ai eu si peur que tu refuses, lui dit-il à voix basse
lorsque Philippe les eut quittés pour rencontrer les fonctionnaires qui accompagnaient le ministre et les inviter à
venir causer avec lui.

— Il a des choses importantes à vous dire, leur confia-
t-il.

— Il se souvient enfin que nous sommes à bord? demanda amèrement l'un d'entre eux.

— Le ministre est encore un peu plus diplomate que
politicien, expliqua posément Philippe. Il n'est pas encore rompu aux coutumes d'un ministre vis-à-vis de son
entourage, mais l'homme est courtois et simple.

— Je dirais plutôt froid et distant, riposta un autre
fonctionnaire.

— Vous le jugerez à ses actions et surtout pas à vos
réactions, répliqua froidement Philippe. Alors, dans cinq
minutes, venez tous vous regrouper autour de lui. Nous
serons un peu serrés mais cela vaut mieux car le ministre

Lemurest ne veut pas informer les journalistes de ses projets.

Philippe retourna au minuscule bureau déjà ouvert par Véronique, qui avait rangé les papiers, empilé les dossiers et repris sa place, bloc-notes en main. Philippe la regarda mais, conscient de ses propres limites auprès du ministre, il demeura debout en s'agrippant au dos du fauteuil de Véronique car l'avion connaissait de brusques turbulences.

Quelques instants plus tard, les fonctionnaires étaient rassemblés étroitement autour du ministre et ils attendaient ses instructions. Le ministre les regarda un moment, puis se mit à leur parler:

– Laissez-moi vous présenter Véronique Moreau. Elle était mon adjointe à notre ambassade à Paris et le redeviendra dans mon cabinet. Véronique est canadienne de naissance, française d'éducation, et elle nous sera précieuse en maintes circonstances. Et maintenant permettez-moi de vous parler franchement en vous demandant d'exercer une entière discrétion au ministère. Je veux discuter avec le Premier ministre de ce que j'ai découvert avant que nous repartions vers Washington, Beijing et Tokyo.

Renaud Lemurest comprit que son personnel était heureux, comme lui d'ailleurs, de rentrer à la maison. Du coup, les tensions autour de lui s'apaisèrent, car il avait établi sans difficulté un meilleur climat entre eux et lui.

– Je me suis isolé de vous tous pour me retrouver, me calmer et tenter de comprendre que, entre les confidences échangées entre diplomates et les conversations plus ouvertes et moins feutrées entre ministres des Affaires étrangères, il existe un fossé. De plus, prenant connaissance de vos dossiers, j'ai perçu derrière vos analyses une volonté de continuité plutôt qu'une ouverture à un renouvellement de notre politique étrangère. Or, la mission que me confiait, il y a une semaine à peine, notre Premier ministre en est une de renouveau.

Renaud continua de leur parler, leur confiant ses découvertes et ses décisions avec une franchise qui étonna tous les fonctionnaires et même Philippe, qui, tout en connaissant l'ouverture d'esprit de Lemurest, était surpris de l'entendre s'adresser aussi fermement à son entourage.

«Il sait où il va, celui-là. Mais Véronique et moi, le savons-nous?»

23

Mathilde regardait en souriant Renaud qui allait et venait dans leur nouvelle résidence, heureux, détendu, admiratif.

– Tu as fait un miracle, ma chérie, lui dit-il. Pendant combien d'années avons-nous habité des ambassades et des chancelleries où nous n'avions le droit d'être nous-mêmes que dans notre chambre et notre salon familial? Les autres pièces étaient réservées à notre personnel. Ici, je pourrai me promener partout en maillot de bain, en shorts, en tenue de sport, sans me faire rappeler à l'ordre protocolaire par un de nos zélés fonctionnaires, attachés culturels ou je ne sais qui encore. Je suis heureux, Mathilde, et je te remercie d'avoir tant de goût, de tact, de flair.

– Céline Lecarré m'a aimablement conseillée, Renaud. Comme toi, elle trouvait cette résidence bien adaptée à nos obligations.

– Tu as pris conseil de la femme du Premier ministre? Décidément, Mathilde, tu ne finiras jamais de m'étonner.

— Céline m'a téléphoné deux ou trois jours après ton départ. Elle avait deviné ma solitude et venait d'apprendre que le Premier ministre avait nommé pour deux ou trois ans celui qui habitait ici, et dont j'oublie le nom, délégué général aux Nations unies. Je suis venue visiter la maison avec elle et, moins d'une heure après avoir constaté son élégance, son goût, la grandeur du salon et de la salle à manger, je signais le bail. Surtout après avoir découvert ce que tu ignores encore...

Elle ouvrit la double porte vitrée qui donnait sur le jardin. Une piscine entourée de fleurs les invitait à la détente.

Renaud laissa tomber ses vêtements et, vêtu uniquement d'un slip, plongea en criant de joie.

Renaud nageait de long en large, mais plus il allait et venait d'un côté de la piscine à l'autre, plus le rythme de son crawl ralentissait. «Il est préoccupé», se disait Mathilde, qui savait pressentir les états d'âme de son mari.

— Veux-tu une bière, ou du vin...?

— Du champagne, Mathilde, et du bon, si tu as eu le temps de nous en procurer.

Mathilde revint quelques minutes plus tard avec le champagne préféré de Renaud et des amuse-gueules. Il sortit de l'eau, s'enveloppa dans le peignoir qu'elle lui tendit et, poussant un soupir de satisfaction, il la regarda, leva son verre en guise de remerciement et lui dit gravement:

— Nous avons été floués durant la plus grande partie de nos missions diplomatiques, Mathilde. Ce qui est dit à un diplomate et ce qui est révélé à un ministre sont deux choses bien différentes. Je suis troublé par ce que j'ai vu, entendu, et surtout deviné. Des hommes et des femmes que nous avons connus en Afrique, en Europe et même en France ne tenaient plus devant moi le langage châtié, étudié, camouflé des conversations sociales et trop diplomatiques, je le sais maintenant. Avec le ministre des Affaires étrangères, la diplomatie feutrée de jadis fichait le camp et j'entendis alors des réactions de colère, de déception, et combien de critiques sévères contre notre pays de la part de membres et de ministres des gouvernements qui me recevaient.

– Mais pourquoi? demanda Mathilde, étonnée.

– Parce que, et je te résume brutalement une phrase exprimée un peu plus poliment mais pas tellement, si la Maison-Blanche tousse, la promenade Sussex se met au lit.

– Est-ce vrai, Renaud?

– Probablement. Souviens-toi, chérie, combien nous avons été étonnés, pour ne pas dire meurtris, par la performance de nos Casques bleus, incapables de se défendre contre ceux qui tiraient sur eux. Ils sont pourtant nés de la sagesse instinctive de l'ex-Premier ministre Lester B. Pearson, dont personne, je crois, chez nos jeunes attachés, détachés de notre histoire, ne se souvient. Ils affirment tout savoir avec une ignorance effarante de notre comportement politique et onusien. Nos Casques bleus protègent-ils les Américains ou les populations? Nous possédons cependant des militaires exemplaires qui se font tirer dans le dos en Bosnie-Herzégovine mais ne ripostent jamais.

Et Renaud enfin se soulagea de son amertume accumulée au cours de sa première tournée politique, en racontant à Mathilde tout ce qu'il avait sur le cœur.

— Il te faut parler au Premier ministre au plus vite, Renaud. Tu lui dois toute la vérité, et s'il nous faut renoncer à nos nouvelles responsabilités, nous le ferons. Cela vaut mieux que de tricher sur ce que tu viens de découvrir. Il nous a été trop facile de croire ce que nous voulions croire.

Renaud se leva, se pencha vers Mathilde pour l'embrasser et, lui prenant la main, lui suggéra tendrement mais passionnément:

— Viens, ma chérie; montons dans notre chambre. J'ai besoin de toi; j'ai envie de toi... Il y a si longtemps que...

24

Quatre jours plus tard, Renaud avait esquissé ses réflexions sur papier, afin de discuter avec le Premier ministre le plus rapidement possible.

— Ils dîneront tous les deux ici, Renaud. J'ai cru préférable de prêter à ta rencontre avec lui un caractère moins officiel.

— Tu sais maintenant cuire un œuf? la taquina Renaud.

— Non, mais ça viendra, ne te décourage pas trop vite. J'ai plus modestement mais plus coûteusement appris que le Premier ministre et son épouse affectionnent particulièrement la cuisine du restaurant français *Jean-Pierre*, le plus chic d'Ottawa. Alors, je suis allée rencontrer le chef et lui ai demandé de cuire pour nous un dîner simple mais savoureux. Un garçon de table et son aide-cuisinier viendront nous servir ici. Qu'en dis-tu?

— Je suis avant tout flatté de recevoir le très honorable et Mme Alain Lecarré, et complètement ébahi par ton aisance à trouver des solutions à nos problèmes... Si tu parlais au Premier ministre à ma place...?

Leur dîner à River Road fut délicieux, simple, mais de haute gastronomie. Renaud et Mathilde étaient nerveux, ce qui n'échappa ni à Céline ni à Alain Lecarré.

— Alors, Renaud, fit le Premier ministre, vous avez des choses graves à me dire?

— Oui, monsieur le Premier ministre, et des choses qui, je m'en doute, ne vous plairont pas.

— Un Premier ministre n'entend pas très souvent des choses qui lui plaisent. J'ai parfois l'impression que mon rôle consiste à réparer les pots cassés par mes ministres. Certains d'entre eux ont les pattes lourdes.

— Céline et moi devrions peut-être passer au jardin? suggéra Mathilde.

— Non, dit le Premier ministre. La sagesse de Céline m'est toujours indispensable en temps de crise.

— Comme celle de Mathilde m'est nécessaire en tout temps, déclara Renaud.

— Excusez-moi un moment, je vous prie, ajouta Mathilde. Je vais demander au cuisinier et à ses aides de quitter la maison. Il serait déplorable que des rumeurs résultent de notre première rencontre avec vous, monsieur et madame Lecarré.

Quelques instants plus tard, Renaud, marchant de long en large dans le salon, vidait son sac et cette fois sans diplomatie. Le Premier ministre l'écoutait, sursautait par moments, mais il demeura silencieux. Son visage était calme et Renaud éprouvait une grande aisance à lui parler, même si, de temps en temps, il tamisait ses phrases, adoucissait les expressions recueillies ici et là auprès de ses homologues étrangers.

– J'ai été humilié souventes fois, monsieur, en entendant dire que le Canada n'était qu'un vassal de la Maison-Blanche, de l'Élysée et de Buckingham Palace. Nous ne sommes plus une colonie, mais un pays souverain, et il est temps que cela se sache. J'ajouterai, avant de terminer, que peu de gouvernements étrangers comprennent le sens du rapatriement de la constitution. «Vous vous dites un pays souverain, libre, indépendant, m'a-t-on déclaré, mais votre chef d'État demeure toujours la reine d'Angleterre.»

Le Premier ministre ne dit mot; il soupira profondément et demanda un gin tonic. Renaud le lui servit. Le regardant sérieusement, Alain Lecarré dit:

– Que faire maintenant? Aviser l'opposition que nous n'avons guère de poids à l'étranger, sauf durant et après les guerres auxquelles notre armée participe pleinement? Déclarer des guerres pour démontrer notre indépendance politique? Moi aussi, Renaud, je suis sensible à cet aspect de notre existence nationale. Je ne suis ni diplomate ni savant géographe et je fais mal valoir sur le plan international notre puissance et notre capacité de défendre les causes qui nous sont chères.

– Tu es un Premier ministre très respecté, Alain, et ne te diminue pas parce que ton ministre des Affaires étrangères a mis le doigt sur notre humiliation séculaire, fit doucement Céline. Nous avons vécu sur notre territoire des affrontements entre les provinces, les peuples amérindiens, les francophones et les anglophones. Ce qui te rend très prudent chez nous n'est évidemment pas compris à l'étranger.

— Nous qui étions en poste à l'étranger comprenions nos dissensions intérieures, mais pour ma part j'ai toujours refusé de discuter de nos divisions internes avec les ambassadeurs des autres pays, parfois encore plus cruellement divisés que nous et qui vivaient au bord de l'affrontement entre leurs citoyens. Je croyais plus utile de vanter notre sens de la démocratie, notre tolérance devant les tensions raciales.

— Et, ajouta Mathilde, si vous me permettez un mot, monsieur le Premier ministre, le jugement de Renaud a toujours été hautement respecté partout où il est allé en mission.

— Mais maintenant, il va nous falloir user de grandes précautions pour redresser les orientations et surtout redorer le blason de notre politique étrangère, songea à haute voix mais comme perdu dans ses propres réflexions le Premier ministre, visiblement tourmenté par les propos de Renaud.

— Préférez-vous que nous attendions mon retour de Chine pour...?

— Il n'y aura pas pour l'instant de voyages à l'extérieur, Renaud. Nous avons du pain sur la planche, car il va nous falloir, à vous et à moi surtout, apaiser le ministre de la Défense car il vient d'annoncer l'achat aux États-Unis de six gros hélicoptères...

— Me permettez-vous une suggestion? demanda alors Renaud. Laissez-le faire, mais, de votre côté, insistez en Chambre sur le fait que notre pays est reconnu au-delà de sa tutelle américaine, qui existe, avouons-le, tant sur le plan des arts que sur celui de notre économie, et que nous sommes toujours fidèles à notre mission de paix dans le monde. Le fait que nous soyons sans colonies et n'ayons nulle ambition d'agrandir notre territoire vous permettra, dans quelques mois, d'affirmer, avec l'appui du cabinet et par la voix de mon collègue à la Défense, que ces hélicoptères sont destinés à secourir les blessés, à les transporter d'un point à un autre, mais ne seront jamais affectés à des missions de mort...

– Vous êtes dans la bonne direction, Renaud. Laissez-moi réfléchir à ce que vous venez non pas de m'apprendre mais de confirmer. Préparez-vous cependant à partir, dans quelques semaines, non pas pour l'Orient mais pour Washington. Je vais préparer votre visite. Rencontrez une fois ou deux l'ambassadeur des États-Unis au Canada et laissez-lui entendre que le gouvernement Lecarré entend élever la voix et prendre ses distances vis-à-vis de la Maison-Blanche.

Mathilde, qui voyait la fatigue et la tension sur le visage du Premier ministre, essaya de changer la conversation, mais le couple se leva pour prendre congé.

– Je demanderai à mon chef de cabinet de vous téléphoner, car j'aimerais poursuivre notre conversation avec quelques conseillers dans mon bureau et avec votre sous-ministre. Avez-vous eu le temps de le bien connaître, Renaud ?

– Non, monsieur le Premier ministre, fit-il.

– Alors, ne vous confiez pas trop à lui. Il est prétentieux, mais si je lui demande son avis devant vous, il vous sera par la suite entièrement dévoué. Les hauts mandarins de l'État nous causent parfois plus de soucis que nos ministres. Mais celui-là est puissant auprès de ses confrères, et comme il est en place depuis près de dix ans, affecté à votre ministère par l'ex-Premier ministre que je viens de battre, il nous faudra jouer serré avec lui. Ne laissez rien traîner dans votre bureau qui serait confidentiel entre vous et moi. Vous retrouveriez sans doute votre texte à la une de la presse nationale.

Et les Lecarré quittèrent la maison de River Road. Renaud était satisfait et Mathilde ravie d'avoir été invitée à déjeuner rue Sussex. Mme Lecarré voulait regrouper quelques femmes de diplomates, et elle avait dit à Mathilde :

— Vous pourriez profiter de cette rencontre pour établir des ponts entre elles et leurs compatriotes dans leurs pays respectifs afin de commencer le plus rapidement possible à les lier plus intimement au nôtre.

Ils montèrent se coucher, fatigués, mais détendus pour la première fois depuis leur retour au Canada. Renaud savait enfin qu'il avait l'oreille du Premier ministre. Et il dit à Mathilde :

— Avoir l'oreille du Premier ministre, c'est déjà posséder quelques parcelles du pouvoir.

25

Mathilde et Renaud avaient mis moins d'un mois à se fondre dans la grisaille parlementaire, tout en apprenant en même temps à conserver, à maintenir des contrastes avec leurs collègues et amis. Il leur fallait donc à la fois se faire remarquer par leur comportement et leur élégance, par leurs bonnes manières, et s'efforcer de ne pas prendre trop d'importance dans le milieu parlementaire. Chacun et chacune devait prendre sa place et jamais celle de l'autre, même si personne ne leur disait qui était l'autre.

Les collègues de Renaud avaient rapidement compris qu'il valait mieux ne pas le critiquer ouvertement, sinon ils recevaient, quelques heures plus tard, deux appels de mise en garde ou de reproches; le premier du président du parti et le second du chef de cabinet du Premier ministre. Cependant, plusieurs s'employaient à le faire en catimini, mais jamais au sein du caucus, ni au restaurant, ni même dans leur bureau de la colline parlementaire. Députés et ministres savaient que, dans la capitale, rien ne demeurait confidentiel plus de deux ou trois heures.

Le couple Lemurest, rompu à la nécessité de se plier aux us et coutumes des pays dans lesquels ils avaient séjourné quand Renaud était ambassadeur, se prêtaient sans trop de difficultés à cet exercice «en contradictions majeures», avait conclu Mathilde. En effet, elle avait dit un soir à Renaud:

— Il te faut être beau, élégant, poli, habile, astucieux sans que cela paraisse, et moi je dois me faire oublier en demeurant présente partout où je suis invitée.

— Crois-tu vraiment, Mathilde, que nous agissions autrement quand j'étais ambassadeur?

— Il me semble que nous étions plus vrais et qu'ici nous jouons la comédie.

— Je ne m'habitue pas à la familiarité d'une certaine presse avec moi. S'il pleut au Kenya, je serais censé savoir pourquoi! soupira Renaud.

— Et si la femme d'un homme politique est assassinée, violée ou accusée d'infidélité, quelque part dans le monde, je suis censée, moi aussi, savoir ce qui se passe là-bas, lança-t-elle en faisant de la main un geste vers le large. Faute de vérité, une autre presse, féminine cette fois, se contenterait de rumeurs afin de me citer, mais rarement, ai-je vite appris, pour me faire honneur; la plupart du temps pour me compromettre devant le bureau du Premier ministre et surtout pour embêter Mme Lecarré. Notre amitié enrage à peu près tout le monde, soupira-t-elle à son tour.

— De plus, poursuivit Renaud, des collègues me prient de parler pour eux au Premier ministre, essaient de me refiler des messages pour lui, ce qui m'exaspère, car si je cédais à leurs souhaits, je perdrais la confiance de Lecarré, qui me donne la sienne à la condition que je ne me prenne pas pour lui.

– Mais tu te meus fort aisément dans ce nouveau monde, Renaud.

– Jusqu'au jour où je ferai une gaffe. J'ai souvent l'impression que plusieurs l'attendent avec impatience.

– Cependant, avouons, chéri, qu'ici la politesse existe et nous entoure partout où nous circulons.

– Une politesse de commande, oui. Fermer une porte sur le nez d'un ministre, cela ne se fait pas, alors que parfois je sais que celui ou celle qui s'efface devant moi n'aurait qu'une envie: me claquer la porte au nez.

– Tu es populaire; tout le monde ici le note.

– Qui ça, tout le monde?

– Toutes les épouses de tes collègues.

– Ne les crois pas trop, Mathilde; ici, tout n'est qu'intrigues et c'est cet aspect de la vie politique qui m'exaspère. Je viens de comprendre qu'en diplomatie la vérité m'était dosée, camouflée. Dans mon ministère, elle est filtrée adroitement, et j'ai dû apprendre à écouter avec attention celui et celle qui me racontent des choses que je sais mieux qu'eux.

– Regrettes-tu ta nomination?

– Non, mais je ne suis pas dupe de ce qui se dit sur moi.

– Je ne vois plus Philippe...

– Je le vois moins, moi aussi, car il prend très au sérieux, trop, je crois, son rôle de chef de cabinet et de conseiller spécial. Il a décidé de tout connaître du ministère, imaginant ainsi être en mesure de me protéger. Or, je constate qu'il se protège lui aussi. Les fonctionnaires le détestent.

– Pourquoi? demanda Mathilde avec un rien d'inquiétude dans la voix.

– Parce qu'ils savent qu'il peut me voir à n'importe quelle heure du jour et pour n'importe quelle raison. Alors qu'eux, me raconte Véronique, doivent prendre rendez-vous avec «votre ex-ambassadeur qui se prend pour l'empereur du Parlement».

– Au fait, Renaud, pourquoi l'as-tu ramenée à Ottawa, celle-là?

Renaud se leva, lui tourna le dos et répondit assez sèchement:

– Parce que j'ai besoin dans mon bureau de quelqu'un qui sait comment communiquer avec les représentants des autres pays du monde sur des sujets difficiles à aborder sur le plan politique. Je suis encore trop diplomate, m'a-t-elle reproché.

– Si tu l'étais moins, tu risquerais de me perdre. Je n'aime pas les hommes brusques, sans manières...

– Jusqu'ici, Mathilde, dit-il en se retournant vers elle, t'ai-je déçue?

– Oui.

Renaud sursauta.

– Quand et comment?

– Parce que c'est la première fois, depuis des jours et des jours, que je me retrouve seule avec toi dans cette maison que j'aime tellement.

– Alors, je réparerai rapidement cette erreur, car encore plus que toi j'ai besoin que nous nous retrouvions en tête-à-tête ou en «cœur-à-cœur», comme nous nous disions au temps de nos amours.

– Ce temps est-il révolu, Renaud? lui demanda-t-elle doucement.

– Allons dormir et je te prouverai le contraire.

26

Élise avait refait l'appartement que Philippe avait loué après la victoire de Renaud Lemurest à l'élection partielle de Blanc-Mouton, pour obéir aux conseils de Robert Lefaivre qui leur avait dit:

– Puisque Mme Lemurest est appelée à voyager avec son mari et que vous, Philippe, devrez les accompagner de temps en temps, il est impérieux que vous et votre femme habitiez dans Blanc-Mouton. Trop souvent d'excellents ministres sont battus aux élections qui suivent leur entrée au cabinet. Non parce qu'ils ont perdu leurs qualités ou renié leur loyauté au parti et au Premier ministre, mais parce que leurs tâches les obligent à trop s'absenter de leur comté, à ne pas être présents dans la vie de leurs électeurs. Un jour, il faudra en arriver à doubler un ministre d'un député, dûment élu lui aussi, et pouvant parler en toute autorité au nom du ministre afin de le remplacer efficacement à son bureau de comté. À cette seule condition, avait-il stipulé devant Élise et Philippe, pourrons-nous conserver les femmes et les hommes ministres. Les candidats ne sont pas élus pour être absents de leur district électoral mais pour répondre aux besoins de leur région.

Sans plus discuter, Philippe avait loué ce quatre-pièces meublé et habité, durant la campagne électorale de Blanc-Mouton, par Mathilde et Renaud, et demandé à Élise de le rendre plus conforme à leur façon de vivre, sans pour autant, avait-il ajouté en souriant, «tout ficher par la fenêtre».

– Ces meubles sont de bon goût, mais il leur manque ce que toi, mon Élise, tu sais toujours ajouter aux nombreux appartements que nous avons habités un peu partout dans le monde.

Et, comme toujours, Élise avait accompli un miracle.

À son retour de la première tournée internationale du nouveau ministre, Philippe avait souri de bonheur devant ces pièces rafraîchies, ces murs éclairés de reproductions de grands maîtres. Et, ce soir-là, un peu pour célébrer les talents d'Élise, il avait invité Véronique Moreau à dîner avec eux.

– Mais, comme toujours, confiait Élise à Véronique arrivée sans lui, Philippe sera en retard. Je ne sais plus comment cuisiner des plats qui se conservent au-delà du temps de cuisson. Je n'aime guère déguster des mets réchauffés et j'ai peur que ce soir, Véronique, vous deviez partager un mauvais dîner avec nous.

Véronique sourit. À vingt-huit ans, avec ses longs cheveux blonds et ses yeux bleu azur, elle était dotée d'un charme auquel peu d'hommes résistaient. Et ce charme, dans d'autres circonstances, invitait à l'amitié les autres femmes qui, conscientes de la beauté de Véronique, ne pouvaient lui en vouloir tant elle était souriante, élégante et attachante.

Élise et elle se connaissaient depuis trois ans. Alors que Véronique était la secrétaire personnelle de l'ambassadeur Lemurest en France, Élise, à titre de chef du protocole, déjeunait souvent avec elle, et leur amitié était réelle et sincère, au-delà de leurs responsabilités respectives. Au moment où Élise pestait contre les habituels retards de son mari, Philippe entra, deux roses à la main. Il en tendit une à Élise et l'autre à Véronique, en disant, le sourire aux lèvres:

— Tu vois, mon Élise, je suis capable de rentrer à l'heure. Le ministre est parti tôt ce soir. Il dînait, m'a-t-il confié avec une évidente lassitude, avec l'ambassadeur des États-Unis.

— Le ministre a du mal à entrer dans le monde politique, dit Élise.

— Pouvons-nous l'en blâmer, Philippe? demanda ironiquement Véronique. Depuis mon arrivée, je n'arrive pas à me faire à ce climat toujours un peu faux, un peu empesé, qui règne dans notre ministère.

— Nous ne sommes pas très populaires tous les deux, soupira Philippe.

— Mais pourquoi? demanda Élise. Le ministre vous tient en haute estime et Mme Lemurest aussi.

— Le ministre, oui, et c'est parce que j'ai confiance en lui que j'ai accepté de revenir de Paris avec lui, dit Véronique. Mais je me demande si je tiendrai le coup. Certains fonctionnaires ont la dent dure et la critique facile. Je n'aime pas leurs allusions voilées à mon influence sur M. Lemurest. Ils sont visiblement jaloux de la place que j'occupe dans le bureau et ils me reprochent avec ironie mon accent français et mes allures européennes. «*You are not a real Canadian*», me lançait hier le sous-ministre, faisant semblant de ne pas savoir que je fus aux côtés du ministre durant des années.

— Ils me font la tête à moi aussi, ragea Philippe. Le ministre a plus confiance en nous qu'en eux. Et de se voir évincés de certaines décisions par des étrangers qui ne font même pas partie de la fonction publique les enrage. Nous ferions mieux de nous surveiller, Véronique, ou ils auront notre peau. Il y a dans tous les ministères, me suis-je laissé dire, une guerre froide entre le personnel politique, auquel nous appartenons, Véronique et moi, et les fonctionnaires. «Quand vous quitterez ce ministère, nous, nous resterons», me disait ironiquement tout à l'heure le deuxième ou troisième sous-ministre. Pas plus que toi, Véronique, je ne sais si nous tiendrons le coup.

— Jamais, fit durement Élise, Mathilde et Renaud Lemurest ne vous retireront leur confiance. Il est diplomate avant tout, et sa femme me confiait il y a peu de jours combien il s'ennuie de ses fonctions d'ambassadeur. Il est extrêmement poli, mais assez rusé et sensible pour déjouer toutes les intrigues. Il ne les a jamais tolérées là-bas; pourquoi les tolérerait-il ici?

Élise décida alors de les inviter à passer à table.

Une fois le repas terminé, Philippe demanda à Véronique si elle avait une voiture.

— Non, lui dit-elle. Le ministre s'est fait déposer par son chauffeur à l'ambassade des États-Unis et lui a demandé de me conduire ici.

– Alors, Élise, tu me permets de ramener Véronique chez elle ? Elle habite à quelques rues d'ici.

– Reviens vite, Philippe, car moi aussi j'ai à te parler, répondit Élise. Il est question d'un voyage au Mexique avec Mme Lemurest.

– Dans dix minutes, je serai de retour.

Véronique et Philippe quittèrent l'appartement.

27

Le National Press Club de Washington était plein à craquer ce jour-là. Les fonctionnaires du ministère des Affaires étrangères du Canada étaient renversés de constater que les plus grands journalistes de la capitale américaine s'étaient déplacés pour entendre le ministre Lemurest.

« *We have done a good publicity job* », dit alors assez pompeusement l'un d'entre eux, qui ignorait que Philippe Granvert, ami depuis longtemps de plusieurs journalistes américains qu'il avait reçus, fêtés et escortés dans maintes capitales et ambassades à l'étranger, les avait contactés quelques jours avant l'arrivée du ministre à Washington.

Celui-ci était nerveux, car il n'est jamais facile pour un Canadien de se faire entendre de la presse américaine, et surtout de l'intéresser aux politiques canadiennes. Renaud Lemurest avait pu constater, au cours de sa carrière diplomatique, l'ignorance des médias étrangers vis-à-vis du Canada. Il était déçu de ne pouvoir faire part de ses inquiétudes à son premier conseiller, mais les fonctionnaires attachés aux relations Canada-USA lui avaient fait comprendre, assez rudement d'ailleurs, se répétait le ministre, que Granvert n'était pas qualifié pour le conseiller à Washington, face aux réseaux de télévision, aux journaux et aux magazines américains. Pourtant, les commentateurs, à la demande pressante de Philippe, avaient accepté de l'interroger, de lui accorder des points de presse.

Lemurest était heureux de se voir flanqué à sa droite du président du National Press Club et à sa gauche de l'ambassadeur des États-Unis au Canada, un collègue de longue date. Depuis que les grands de ce monde s'offraient des sommets économiques et des rencontres internationales, les diplomates avaient eux aussi leur rôle à jouer pour recevoir, présenter, accueillir les chefs d'État et leurs ministres là où ils étaient postés.

– *That guy must be good*, observa un journaliste bien connu tant au Canada qu'aux États-Unis. *This place is jam full. I hope he is not as boring as the members of the Canadian Government usually are.*

Mais Renaud Lemurest ne le fut pas.

Il parla net et ferme, n'hésitant pas à rappeler, avec exemples à l'appui, certaines discordances entre le Canada et les États-Unis, et à suggérer de nécessaires remaniements de plusieurs ententes commerciales et surtout politiques. Sa voix était calme, pondérée, et son charisme naturel ainsi que sa prononciation impeccable de la langue de la presse rassemblée autour de lui imposèrent un silence respectueux à son auditoire. Il expliqua, faisant reposer sa thèse sur ses expériences vécues dans plusieurs pays européens et africains, que les États-Unis avaient beaucoup à gagner quant à la confiance des étrangers en leur démocratie s'ils se montraient, aux yeux du monde qui redoutait leur force, un peu plus souples avec le Canada.

— Nous sommes faibles et petits à côté de votre puissance. Mais si vous acceptiez avec un peu plus de générosité de plier devant certaines de nos justes exigences, votre sens de la démocratie, votre respect du plus petit et du plus faible vous mériteraient l'estime de plusieurs pays qui redoutent votre puissance militaire et nucléaire.

Lorsque Renaud Lemurest termina son discours, les applaudissements furent polis, sans plus. Soudainement, un des grands commentateurs de la télévision se leva et lui posa une question.

— Un de vos Premiers ministres, M. Trudeau, je crois, nous a dit dans ce club, au cours d'un déjeuner-causerie: «*To live beside you is akin for Canadians to sleep beside an elephant.*» Et, poursuivit-il avec un sourire ironique: «*However friendly is the beast, we can feel every twitch, every grunt.*» Monsieur le ministre, avez-vous quelque chose à ajouter à ces paroles?

Un petit silence gêné tomba sur les convives.

Le ministre se leva et, sans broncher, avec le même petit sourire ironique, il répondit en anglais et rapidement:

— *I would ask my Prime Minister to buy twin beds immediately.*

Des éclats de rire fusèrent de tous les coins de la salle à manger du National Press Club, et le ministre des Affaires étrangères du Canada eut droit à une ovation.

– *That guy will go far*, observa un autre fonctionnaire canadien. *We'd better make friends with him and quickly if we want to go far too.*

Lorsque Renaud Lemurest atterrit à Ottawa, vers minuit ce soir-là, il se savait plus respecté de ses fonctionnaires et ne manqua point d'observer leur politesse et leur déférence. Il était heureux. Eux aussi.

Mathilde et Renaud terminaient leur petit déjeuner dans leur nouvelle résidence et ils étaient joyeux. L'histoire des lits jumeaux, concernant la phrase célèbre de l'ex-Premier ministre Pierre Elliott Trudeau, avait fait rire Mathilde qui, n'aimant guère l'homme qui les avait si froidement accueillis quelques années plus tôt au Cameroun, se réjouissait de la saillie de Renaud. Celui-ci tout à coup quitta la table en disant à sa femme:

— Ne bouge pas, je reviens.

Il disparut, et revint avec son porte-documents. Il en sortit un joli colis au papier rouge et bleu et il le tendit à Mathilde en lui disant gentiment:

— Puisque maintenant tu as conquis tes galons de chef du poulailler et que cet œuf ce matin fut le meilleur que j'aie jamais dégusté, voici pour toi...

Mathilde le regarda, ouvrit rapidement la petite boîte et en retira un œuf.

— Un Fabergé! Oh! Renaud, quelle gentillesse!

— Tu l'aimes?

— Oui, et toi aussi je t'aime. Heureusement que je commence à réapprendre à cuire nos repas.

– Mais ce Fabergé, Mathilde, te remercie pour tout ce que tu es et fais pour moi.

– Merci, Renaud, pour cet œuf. Je ne savais pas que la gastronomie pouvait être si enrichissante. Je vais donc continuer mes cours de cuisine et apprendre cette semaine à te faire une soupe aux huîtres.

– Pourquoi une soupe aux huîtres?

Mathilde se leva, le regarda en riant et dit en l'embrassant:

– Pour que tu m'offres bientôt un collier de perles.

À son tour, Renaud s'esclaffa. Il prit son porte-documents et se dirigea vers la porte en disant:

– Je dois me hâter, Mathilde, Véronique m'attend.

– Véronique? Mais où est ton chauffeur? Et pourquoi elle?

– Le chauffeur m'a déposé ici hier soir à une heure du matin. L'avion a eu un peu de retard, et il a donc selon mon conseil demandé à ma secrétaire de passer me prendre, afin de se reposer. Je dois me rendre à mon bureau de comté vers dix-sept heures et...

– Avec qui? rétorqua Mathilde. Avec le chauffeur ou avec elle?

– Mathilde, ne sois pas idiote. Et ne m'attends pas pour dîner. De toute façon, dit-il en sortant de la maison, tu n'auras pas ton collier de perles avant quelques mois...

Mathilde éclata de rire, mais, dès qu'elle entendit le moteur de la voiture vrombir, elle devint pensive en prenant dans ses mains le bel œuf que Renaud venait de lui offrir.

– Entre la poule et Fabergé, qui me tend un piège?

Une heure plus tard, le téléphone sonna. Philippe Granvert lui dit rapidement:

— Bonjour, madame. Je vous téléphone au nom du ministre. Il a oublié une petite boîte dans son imper. Je l'envoie chercher. Il a rapporté un autre œuf, mais plus petit, pour Élise. Je lui avais demandé cette faveur...

— Je vais le trouver. Mais oui, je serai ici si le chauffeur vient. Merci, Philippe. J'ai hâte de vous voir.

— Oh! Mathilde, pardon, madame, moi aussi. Ce n'est pas toujours amusant ici. Nous étions tellement mieux à Paris.

— Mais, Philippe, Renaud est-il heureux?

— Oui, et célèbre ici depuis son discours à Washington. Ses fonctionnaires le nomment désormais «*the twin beds Minister*»... Au revoir, madame, et faisons en sorte, si cela vous plaisait, de nous revoir... À bientôt.

— Oui, répondit Mathilde doucement, à bientôt.

— Vous a-t-elle cru? demanda le ministre Lemurest à son conseiller spécial.

Philippe était assis devant la table de travail du ministre et il lui répondit assez froidement:

— Oui, car je lui ai dit que je vous avais prié d'apporter un second œuf Fabergé pour Élise. Je vais donc être tenu de le lui offrir et de vous le payer.

— Vous avez déjà payé, Philippe. Je me suis mis dans de bien mauvais draps. Vous connaissez sans doute l'anecdote du passé qui voyait le mari offrir un miteux manteau de drap à sa femme et un vison à sa maîtresse. À mon imprudente façon, j'ai rejoué le scénario, mais Véronique aura les mains vides.

— Puisqu'elle ne sait rien de cette histoire...

— Mais elle apprendra sûrement que j'ai rapporté un cadeau à votre femme.

— Véronique est votre secrétaire, monsieur, dit Philippe en se levant. Élise est l'assistante et conseillère de votre femme comme je suis le vôtre. Mais dans le cas qui nous intéresse en ce moment, je ne fus pas dans vos confidences.

– Chacun sa vie privée, Philippe. Je ne me suis jamais mêlé de la vôtre, même si...

Il s'interrompit.

– Même si quoi? demanda nerveusement Philippe.

– Même si je vous savais pas tellement fidèle à votre femme. Nos ambassades ont des oreilles dans nos goussets, Philippe. Vous savez cela aussi bien que moi. Alors, souhaitons que votre Élise soit heureuse du cadeau que vous lui ferez ce soir et je vous remercie de m'avoir tiré d'un faux pas. Et maintenant, au boulot.

Philippe marcha vers la porte du bureau du ministre et il lui dit, avant de l'ouvrir:

– Je vous tiendrai au courant.

– Mais pas un mot de tout cela à Véronique. Elle devra attendre.

Philippe, intrigué, demanda:

– Attendre quoi?

Renaud Lemurest le regarda avec un sourire en coin.

– La prochaine ponte, faut croire...

Philippe eut un petit rire et quitta rapidement la pièce.

30

Aussitôt arrivé dans son nouvel appartement de Bergerville, dans le comté du ministre, Philippe tendit assez brusquement une petite boîte joliment enrubannée à Élise.

— C'est quoi? lui demanda-t-elle en souriant.

— Un cadeau pour toi.

— Mais, reprit-elle en le regardant, ce n'est pas mon anniversaire. Pourquoi ce cadeau?

Philippe lui tourna le dos, marcha jusqu'au buffet chargé de bouteilles d'alcool, de vin et de verres, et se servit une vodka sur glace en lui répondant:

— Parce que tu as décoré joliment ce condo et que je fus absent *most of the time*, comme on dit dans le «français» des fonctionnaires, qui nous disent «bonnejoure» et puis c'est tout pour le bilinguisme.

— Pourquoi me donnes-tu un cadeau sur ce ton?

— Je suis fatigué, Élise, et j'aurais préféré choisir moi-même ce que tu trouveras dans la boîte. J'ai demandé au ministre, qui en a rapporté un à sa femme et qui me l'avait dit, d'en choisir un autre pour toi.

— Oh! que cet œuf est joli, Philippe! Merci, cher, merci, dit-elle en lui faisant la bise.

— Bon. Je te sers un verre et nous dînons. Je dois me rendre au bureau du comté encore une fois, et encore une fois à la place du ministre.

— Décidément, cher, ça ne va pas, ce soir.

— Maudite politique...! fit-il en haussant les épaules et en lui tendant un verre de vin.

Ils étaient tous trois, le ministre, Philippe et l'attaché de presse du Premier ministre, assis à une table ronde placée dans l'encoignure du bureau de Lemurest. Ce matin-là, Renaud et Mathilde avaient été réveillés par un appel téléphonique de Maurice Lapierre. Venant de dresser le dossier de presse pour le Premier ministre afin qu'un messager le lui porte comme il le faisait tous les matins, à six heures trente, il se voyait dans l'obligation de prier le ministre, à la suggestion du Premier ministre, de le rencontrer pour le petit déjeuner au bureau du ministère des Affaires étrangères, dans l'édifice Lester B. Pearson.

Un éditorial paru ce matin-là dans *The Citizen* et repris presque mot pour mot dans *Le Devoir* exigeait, lui avait dit le Premier ministre, que le ministre en discute avec lui et Philippe Granvert afin de savoir comment réagir devant les représentants de la presse qui ne manqueraient pas de l'attendre à la porte de son bureau.

Dès sept heures trente, Renaud était au bureau et avait pris connaissance de l'article que lui avait remis Philippe.

— Armez-vous de calme, monsieur le ministre, avait-il dit à Lemurest. Le texte est dur, voire insolent.

Renaud prit la coupure de presse, la parcourut, sursauta, regarda Philippe, et relut une seconde fois cet éditorial.

Depuis la nomination de l'ex-ambassadeur du Canada, Renaud Lemurest, il existe, en arrière-plan, deux gouvernements à Ottawa. Celui du Premier ministre Lecarré et celui du ministre des Affaires étrangères, l'honorable Renaud Lemurest, que nous pourrions encore appeler «Son Excellence».

Son ministère est aussi difficile à atteindre que celui du Premier ministre, mais nous avons de plus en plus l'impression que les deux hommes ne se parlent guère depuis le retour de Renaud Lemurest de Washington. Nous avons admiré le ton et la nature de cette rencontre avec la presse américaine et internationale au National Press Club de Washington, mais nous ne comprenons pas pourquoi le ministère des Affaires étrangères demeure fermé à la presse canadienne.

Le Premier ministre est-il en accord avec les propos tenus par son ministre à Washington? Celui-ci, plus souvent absent de la Chambre que présent, s'imagine-t-il qu'il pourra encore longtemps se dérober à nos questions quant aux nouvelles orientations de sa politique étrangère, et...

Renaud déposa le journal sur son bureau et, regardant Maurice Lapierre, il demanda:

— Que pense le Premier ministre de ce texte ignoble et injuste?

— Le Premier ministre, répondit sévèrement Lapierre, pense aussi que cet éditorial est une saloperie, mais il se demande comment vous allez réagir. Il vous prie de l'informer de votre décision, puisque, comme vous avez refusé de doter votre cabinet d'un attaché de presse, j'assumerai la liaison entre vous et *The Citizen*, si vous voulez riposter.

Renaud se tourna vers Philippe, le visage durci et la posture raidie.

— Qu'en dites-vous, Philippe?

— Je crois, monsieur le ministre, que vous devez tancer cet éditorialiste et aussi durement qu'il vous a attaqué.

Véronique entra, le journal à la main.

— Votre épouse demande à vous parler, monsieur le ministre.

— Dites-lui que je suis en discussion avec ces messieurs.

— Elle le savait et insiste pour vous dire quelques mots.

Renaud soupira et décrocha le combiné.

— Pardonne-moi, Renaud, lui dit Mathilde. Je sais que tu es occupé. Cet article est une saleté de premier ordre. Réponds, frappe, cogne, et oublie que tu as été diplomate. Je suis là et, quoi que tu fasses, je te soutiens.

— Merci, ma chérie, fit alors Renaud, mais méfie-toi. Si la presse téléphone, ne parle pas. On dira alors qu'il y a trois gouvernements à...

Il s'interrompit, écouta et dit:

— Déjà? Tu as été sage; merci, Mathilde. J'essaierai de te parler plus tard. Au revoir.

Et, se tournant vers Lapierre et Philippe, il leur dit:

— Mathilde affirme que le téléphone ne dérougit pas chez nous. Mais elle refuse de répondre à la presse. Maintenant, messieurs, que faisons-nous? J'ai besoin de vos conseils. À cause de mon ancien métier, je serais tenté d'ignorer ces calomnies, mais je dois, je crois, défendre le Premier ministre.

— Le défendre, non, riposta aussitôt Maurice Lapierre. Le Premier ministre est populaire. Mais il faudra le consulter avant de décider de votre tactique face à cette attaque, car elle est de taille.

— Vous devez répondre, monsieur le ministre.

Véronique entra de nouveau.

— Le Premier ministre est au bout du fil, monsieur.

Renaud appuya sur une touche et décrocha le combiné.

— Bonjour, monsieur.

Philippe et Maurice se levèrent. Renaud leur fit signe de demeurer dans son bureau.

— Oui, ils sont ici.

Il écouta un moment, puis regarda Philippe et dit:

— Le Premier ministre veut une conférence avec nous trois.

Il appuya sur une autre touche et la voix du Premier ministre emplit son bureau.

— Renaud, vous allez riposter et durement, n'est-ce pas?

– Nous arrivions à cette décision au moment où vous me téléphoniez. Mais je ne sais pas encore de quelle façon.

– Par conférence de presse. Lapierre sait comment procéder; laissez-le agir. Maurice, prenez charge de cette rencontre au Club de Presse, car je ne peux m'impliquer puisque c'est à travers le ministre que je suis attaqué. Renaud, continua le Premier ministre, il serait prudent ce matin de vous préparer à faire le point, à répondre aux questions des journalistes, et pour cela je vous dispense d'assister au caucus. Il y aura des remous, des critiques, et même si vos collègues et nos députés n'oseront pas vous critiquer devant moi, ils le feront entre eux. Donc, si vous êtes absent, l'atmosphère sera plus détendue.

– Est-ce que je ne passerai pas pour un lâche de ne pas être à vos côtés? Car vous ne pouvez pas penser un seul instant, monsieur le Premier ministre, que je me donne l'importance que *The Citizen* me reproche, n'est-ce pas?

– Non, reprit le Premier ministre, je ne pense pas cela de vous. Mais soyez plus prudent et un peu moins distant avec vos collègues anglophones. Je vous conserve ma confiance, Renaud, et fiez-vous à Maurice. Il sait comment agir. Mais un dernier conseil: dotez-vous d'un attaché de presse. Qui sait ce que l'avenir nous réserve? Bonne chance.

Renaud déposa le combiné et, regardant les deux hommes, il dit, visiblement secoué:

– À mon tour de vous dire que je vous fais confiance. Préparez la conférence de presse, et moi je préparerai mon intervention.

Les deux hommes quittèrent son bureau. Renaud se retrouva seul, plus seul que jamais, pensa-t-il. «Sacrée politique!», se dit-il intérieurement.

32

Mathilde, qui avait passé la journée devant la télévision, savait ce que Renaud avait dit et ce que la presse avait répandu contre lui.

«Jamais nous n'aurions dû revenir ici. Depuis notre retour, nous sommes critiqués, guettés, observés. Nous serions si heureux en France, même si Renaud avait dû prendre sa retraite. Nous possédons encore, heureusement, un appartement à Nice. Ce soir, se disait-elle en dressant la table, il faut nous retrouver.» Elle avait donc invité Élise et Philippe, pressentant que Renaud aurait besoin, pour dîner et se détendre, de ses proches. Elle aussi d'ailleurs, n'étant pas encore rompue à la familiarité de la presse canadienne pour qui un Premier ministre ou un ministre n'a pas à recevoir plus de respect que tout autre citoyen. «La vie diplomatique met plus de distance, se disait Mathilde en arrosant son poulet, entre diplomates et journalistes. Cette distance est à la fois un avantage et un inconvénient.» Mais, toute à son désir d'aider son mari à se détendre et surtout à s'exprimer devant les siens, elle soignait son repas, sachant combien Renaud, avec un sourire, aimait la taquiner sur ce point.

«Un bon repas, se disait-elle comme pour se rassurer, l'aidera à passer au-travers de cette première expérience douloureuse avec la presse de son pays.»

Quelques heures plus tard, ils étaient tous les quatre, Élise, Renaud, Philippe et elle, à table. Petit à petit, Renaud se détendait. Il avait regardé les actualités télévisées et compris que sa conférence de presse avait été un succès. Mais il savait désormais qu'il lui coûterait cher de se conduire de la façon dont sa carrière diplomatique l'avait habitué à le faire.

– Mais pourquoi, lui demanda Philippe en versant le vin, vous reproche-t-on votre passé?

– Parce que, répondit vivement Renaud, j'ai répondu à dix questions alors qu'une vingtaine devaient m'être posées, comme m'en avait prévenu le président du Club de Presse. Si j'avais eu plus d'intuition quant à ce qui m'attendait, au lieu de me laisser manipuler, car c'est bien cela qui s'est produit, par le Premier ministre à mon retour, Mathilde et moi aurions refusé de plonger dans cette mare aux potins malveillants. Nous étions heureux en diplomatie; nous deviendrons les esclaves de la partisannerie politique, ici. Et je vous le dis, à vous trois qui êtes mes meilleurs amis, et surtout à toi, Mathilde, ma plus qu'amie, je serai dorénavant attaqué sur tous les fronts. Mais ils ne me détruiront pas; je détruirai les autres avant.

Philippe, Élise et Mathilde s'arrêtèrent de manger et tous les trois regardèrent Renaud avec étonnement.

– Pourquoi dites-vous cela? demanda timidement Élise.

— Parce que si la presse dit vrai et que déjà je suis perçu comme un chef de gouvernement, pourquoi, dans deux ou trois ans, ne le deviendrais-je pas? Le Premier ministre n'est ni éternel ni infaillible.

— Toi non plus, répliqua assez vertement Mathilde.

— Non, mais je suis encore capable d'apprendre le jeu du pouvoir. Et je commence à penser que je m'y débrouillerais assez bien, du moins mieux que ceux que je vois s'y livrer ici tous les jours.

Il quitta la table pour ouvrir le téléviseur. Il était vingt-trois heures et il ne voulait pas rater le bulletin d'informations du réseau CBC.

— Bon, dit alors Philippe à voix basse, nous entrons dans la bataille...

33

Deux mois plus tard, Mathilde avait compris. Seule à la maison, sachant fort bien que Renaud ne viendrait pas dîner ce soir-là, elle devinait enfin avec chagrin que la politique était devenue sa passion, sa maîtresse, et que la soif du pouvoir et de la gloire le dévorait.

«Comment en est-il arrivé là ? se demandait-elle. Devrais-je partir, retourner en France dans mon appartement de Nice, qui m'a été légué par mon père à sa mort ? Tous les hivers, mes parents s'envolaient pour la Côte d'Azur, et, avant mon mariage avec Renaud, j'y suis allée avec eux quelques fois. Ici à Ottawa, je meurs d'ennui et de solitude, me trouvant dans l'incapacité de construire des ponts avec les femmes de mon pays tel que me l'a demandé le Premier ministre le soir où Renaud a consenti à se présenter dans Blanc-Mouton. Mais était-il sincère ou jouait-il le jeu de la séduction en m'offrant une occasion de travailler avec Renaud, ou plutôt à ses côtés ?»

Elle se leva et alluma le feu préparé pour eux par la femme de ménage qui tous les jours venait l'assister. Les bûches crépitantes calmèrent et réchauffèrent son cœur, car, en ce novembre de grisaille, elle se languissait de soleil, de chaleur et d'amour. Elle se servit un peu de vin et alla se rasseoir, un grand carnet de notes sur les genoux. Elle le feuilletait, pensive et triste, se répétant intérieurement: «Pourquoi suis-je si seule dans cette ville de rivalités et de luttes pour le pouvoir? Et comment m'expliquer ce changement en Renaud, cet homme si prudent, si respecté en Europe mais soupçonné des pires intentions depuis sa nomination au gouvernement? Le Premier ministre a abusé de notre naïveté et surtout de notre désarroi devant l'obligation de Renaud de renoncer à ses activités diplomatiques. Les femmes dans cette ville, députées, ministres, conseillères, adjointes ou fonctionnaires, ne sont guère populaires auprès de ces messieurs du pouvoir ou de l'opposition. Ils se liguent contre elles dès que l'une prend la tête du troupeau. Quand une ministre fait une déclaration, dix ministres, se croyant malins et plus forts, brisent sa réputation en informant la presse, en catimini, des erreurs, fautes et faiblesses de celle qui oriente bien son ministère et est populaire auprès du public comme des médias. Elles me fuient et je ne comprends pas encore pourquoi. Pourtant, oui, je le comprends.»

Mathilde se releva, touilla le feu et revint s'asseoir en posant sur ses genoux une broderie de petits points, une distraction qu'elle aimait et à laquelle elle excellait. Un coussin brodé par elle se retrouvait dans toutes les ambassades qu'avaient habitées Renaud et elle durant près de vingt ans. Elle prit l'aiguille, la regarda un moment, puis déposa sa toile à ses côtés. Sa réflexion l'occupait complètement. Elle avait refusé, jusqu'à ce jour de solitude grise, de faire face à ses désillusions. Mais le temps était venu soit d'affronter Renaud, soit de se murer dans un silence amer ou de quitter la maison. Céline Lecarré était sa seule véritable amie, mais Mathilde avait accepté de ne pas l'accaparer, consciente que l'épouse du Premier ministre avait des obligations qui dépassaient largement les exigences de l'amitié. La semaine précédente, au cours d'un déjeuner entre elles, rue Sussex, Mathilde avait demandé à Céline pourquoi il lui était si difficile de rencontrer les membres féminins du cabinet.

– Parce que, lui avait répondu doucement Céline, elles sont élues, ont des comptes à rendre à leurs électeurs, et aussi, sinon surtout, avait-elle ajouté en soupirant, parce que au sein du *chauvinistic male club* parlementaire et gouvernemental nous ne sommes pas encore acceptées complètement. Vous, chère Mathilde, vous n'êtes pas élue. Donc, vous êtes, non pas l'ennemie, loin de là, s'était-elle empressée de rectifier devant la mine déconfite de Mathilde, mais une sorte de rivale, nommée par mon mari pour relier les femmes ensemble partout où cela vous sera possible.

– Si je ne réussis pas à les intéresser ici, pourquoi serais-je en mesure de le faire ailleurs dans le monde? avait répondu amèrement Mathilde. Mais, Céline, dites-moi, puisque vous êtes ma seule véritable amie, pourquoi votre mari m'a-t-il confié cette tâche? Il devait pourtant savoir autant que vous, sinon plus, combien cette nomination inusitée dresserait tout le monde politique et médiatique contre moi...

– Il faudrait le lui demander, avait répliqué Céline en essayant de sourire.

Mathilde reprit sa broderie, commença à y travailler, et décida de téléphoner le lendemain matin à Élise Granvert, son adjointe, afin de lui proposer de partir avec elle pour quelques semaines à Nice. «De là, nous irons à Paris, songeait Mathilde, et j'ai assez d'amies dans les ambassades pour au moins essayer de rencontrer quelques femmes importantes. Si les nôtres me refusent leur confiance chez nous, je pense avoir déjà acquis celle des autres là-bas.»

Une clé tourna dans la serrure de la porte et Renaud entra. Mathilde leva la tête, regarda l'horloge accrochée au mur devant elle et dit assez brusquement:

– Toi déjà?

– Je suis ici pour cinq minutes. Le temps de passer une chemise fraîche, et je repars dîner avec la ministre de l'ACDI.

– L'ACDI? C'est quoi ça? demanda Mathilde en continuant de travailler à l'aiguille.

– L'Agence canadienne de Développement international. Elle part pour l'Afrique demain et aimerait me parler de ce pays et de ses besoins.

– Tu aurais pu l'inviter ici; cela m'aurait amusée de la rencontrer. Dans notre maison, une de tes célèbres collègues consentirait peut-être à me parler...

– Je ne voulais pas te déranger, Mathilde, dit Renaud en se dirigeant vers leur chambre à coucher.

– Tu me déranges de moins en moins, Renaud, dit alors ironiquement Mathilde.

Mais il avait refermé la porte derrière lui.

34

Dans sa résidence officielle, le Premier ministre Lecarré était à table avec sa femme et ils terminaient leur dîner. Tous deux avaient le visage fermé, durci par une discussion vive qui n'était pas encore finie. Ils n'avaient pas coutume de se quereller. Leur union était solide, profonde, et encore amoureuse malgré leurs trente ans de vie commune.

– Tu as flatté Mathilde en lui proposant le mandat assez vague, je le sais maintenant, de réunir les femmes du monde pour les aider.

– Oui, et alors? fit-il durement. Tu te plains constamment que je ne nomme pas assez de femmes dans mon gouvernement. Pour une fois que je romps avec une tradition et désigne à un poste prestigieux la femme d'un ministre, tu me fais une scène.

– Tu l'as nommée par pure tactique politique, Alain. En proposant une mission importante à Mathilde Lemurest, tu savais qu'elle influencerait son mari en ta faveur. Et elle est tombée dans le panneau. Mais méfie-toi, Alain. Mathilde n'est pas femme à se laisser duper sans réagir. Hier midi, ici même...

— Pourquoi la vois-tu si souvent ? Pour la dresser contre moi ?

Céline se leva, outragée, lança sa serviette sur la table, mais fut arrêtée dans sa marche rapide hors de la salle à manger par son mari, soudainement radouci.

— Je te demande pardon, Céline ; tu peux recevoir Mathilde Lemurest ici ou ailleurs sans me demander la permission. Je suis inquiet, voilà tout.

— Inquiet de quoi ?

— Je ne sais pas, mais tendu. Renaud me fait peur.

Céline le regarda à son tour, redevenue plus tendre.

— Moi aussi, Alain, Mathilde me fait peur, mais, comme toi, je ne sais trop pourquoi...

35

Rue Dutil, à Bergerville, Élise et Philippe finissaient leur repas dans leur appartement. Ils étaient souriants, mais Élise paraissait plus tendue que son mari.

— Philippe, lui dit-elle, démissionne et allons-nous-en. J'en ai plein le dos de vivre seule, privée de toi, jour après jour. Je ne suis pas faite pour la politique.

— Moi non plus, Élise; la vie diplomatique et sa courtoisie me manquent. Mais je refuse et refuserai toujours de laisser tomber le ministre.

— Renaud Lemurest a changé depuis qu'il a mordu dans la politique. Je ne reconnais plus l'homme à la politesse légendaire, admiré partout où nous avons été en poste avec lui. Le voilà devenu un ministre omniprésent, qui ne refuse aucune causerie, aucune entrevue. Mathilde aussi ne peut plus supporter son existence esseulée dans cette capitale sans manières honnêtes, vraies, sincères. Ici, tout le monde trompe tout le monde...

— Tu la laisserais tomber, Élise, ta...

— Ma quoi? Ma patronne qui dans les faits n'a aucune autorité sur moi et ne réussit même pas à se frayer un chemin dans le ministère de son époux? Ses conseillers, adjoints, attachés de ceci ou de cela lui font la tête.

— Pas moi, en tout cas, riposta Philippe un peu trop rapidement.

— Oh! je le sais, lui dit-elle en quittant la table. Tout le monde raconte à tout le monde qu'elle te visite souvent...

— Je suis en poste pour la seconder et pour vous aider, toutes les deux...

— Vraiment, Philippe, vraiment, tu souhaites nous aider? Quand? Quand son mari sera battu aux prochaines élections?

* * *

Au restaurant *Le Parlementaire*, sis au sixième étage de l'édifice de la Chambre des communes, la ministre de l'ACDI, Patricia McBride, dînait avec le ministre des Affaires étrangères. Assis à leur table, dressée dans l'alcôve habituellement réservée au Premier ministre et à ses invités, ils causaient aimablement. Les filles de table et le maître d'hôtel s'empressaient autour d'eux, mais ils ne se souciaient guère des regards posés sur eux par les députés, ministres et leurs invités.

— Vous parlez bien français, madame la ministre, fit Renaud.

— Mon nom est Patricia, dit-elle en souriant.

— Le mien, Renaud.

— Je vous connaissais de réputation avant de vous rencontrer au cabinet. Je fus reçue plusieurs fois à l'ambassade du Canada au Cameroun, mais, à ce moment, j'étais députée dans l'opposition. Vous ne vous souvenez pas de moi.

– Comment aurais-je oublié une si jolie députée ? fit Renaud, légèrement taquin. J'aime les jolies femmes...

– En politique ou dans la société ? lui demanda-t-elle.

– Partout, lui répondit Renaud en éclatant de rire.

– Je ne connais pas Mme Lemurest. Est-ce que son dossier sur les difficultés des femmes un peu partout dans le monde progresse ?

Renaud la regarda, un peu interdit, légèrement surpris par la question, et il répondit lentement :

– Je n'en sais rien. Je ne suis pas souvent à la maison. Et vous non plus, je présume ? demanda-t-il pour changer la conversation.

– Le plus souvent possible. Je suis divorcée, mais j'ai un fils aux études à l'université Simon Fraser, à Vancouver.

– Vous partez en Afrique pour combien de temps et que puis-je faire pour vous aider ? Vous accompagner ?

Elle le regarda à son tour, un peu intimidée, et lui dit :

– Ça serait une bonne idée, mais je ne crois pas que les journalistes approuveraient votre présence à mes côtés. Comme ministre du...

Elle hésita et finalement prononça en anglais :

– ...*of CIDA*.

Renaud sursauta.

– Vous ne pouvez donc pas dire «ACDI» ? En Afrique, le mot «sida» n'est pas spécialement populaire...

– *I guess I have a lot to learn*, *Minister*, lui répondit-elle assez froidement.

– *I guess I have a lot to teach you*, *Minister*, riposta-t-il en souriant.

Il fit signe à la serveuse, et ils commandèrent leur dîner.

36

Trois jours plus tard, Philippe Granvert était assis dans le bureau du ministre et tous les deux étudiaient des dossiers internationaux. Tout à coup, Philippe dit à Renaud:

— Monsieur le ministre, que pensez-vous du voyage de ma femme et de la vôtre? Elles partent demain pour Nice et Paris, pour deux semaines.

Renaud le regarda, étonné, voire légèrement vexé.

— Mathilde part demain et je n'en sais rien?

— Elle a confié à Élise que vous étiez si peu à la maison que vous ne remarqueriez même pas son absence.

Renaud se leva, marcha jusqu'au petit bureau de Véronique et lui dit:

— Téléphonez à ma femme et trouvez-la, où qu'elle soit.

Il revint prendre place à sa table de travail et, regardant Philippe, il demanda:

— Et qui paiera pour cette folie?

— Votre femme, monsieur le ministre. Elle a déjà acheté deux billets d'avion sur Air Canada. J'ignorais que

Mᵐᵉ Lemurest était propriétaire de votre appartement à Nice.

— Son père le lui a légué, mais j'ai contribué à son entretien, croyez-moi.

— Monsieur le ministre, je me sens fort indiscret de vous parler ainsi, mais puisque ma femme est mêlée à ce voyage, je me vois un peu forcé de vous demander si leur départ d'Ottawa, en ce moment, sera mal interprété.

— Les allées et venues de ma femme et de la vôtre n'intéressent ni le cabinet ni la presse. Il ne faut pas exagérer l'importance de Mathilde et d'Élise, Philippe.

— Mais votre femme a été investie d'une mission par le Premier ministre et les femmes comptent sur elle, même si, et je le reconnais, je n'ai pas été très actif pour lui venir en aide.

— Vous êtes mon chef de cabinet, Philippe, et mon conseiller. Pas celui de Mathilde. Ne l'oubliez pas.

Le téléphone sonna.

— Comment, vous ne pouvez la joindre ? Elle est sûrement à Ottawa ! Oui, j'attendrai...

Et, manifestement impatient, il regarda Philippe et demanda brusquement :

— Êtes-vous certain que leur départ n'était pas pour aujourd'hui ?

— Oui, monsieur, puisque je les conduis à l'aéroport demain.

Il reprit le téléphone et dit à Véronique :

— Annulez mes rendez-vous pour ce soir. Je rentrerai à la maison à dix-neuf heures au plus tard. Laissez faire,

Véronique. Je discuterai de tout cela avec elle à son retour.

Puis, se tournant vers Philippe, il poursuivit:

– Vraiment, Philippe, je ne comprendrai jamais les
femmes.

– Votre épouse s'ennuie ici et la mienne aussi.

– Mais bon Dieu! Philippe, Mathilde n'est pas une
sotte! Comment et pourquoi ne réussit-elle pas à établir
des liens avec les groupes féminins de notre pays?

– Le lui avez-vous demandé, monsieur le ministre?

– Croyez-vous, Philippe, vous qui tenez mon agen-
da, que j'ai le temps de me préoccuper de ces affaires de
femmes?

– Peut-être, monsieur, devrions-nous le prendre
avant de nous retrouver, vous et moi, sans nos femmes...

Véronique entra.

– Le Premier ministre est en ligne, monsieur.

– Bon, fit Lemurest, quelle autre catastrophe m'attend?

Philippe se leva mais Renaud lui fit signe de demeurer dans son fauteuil.

– Bonjour, monsieur le Premier ministre. Je suis
heureux de vous parler.

Il écouta en silence le Premier ministre.

– J'ai dîné avec elle avant son départ, monsieur, et
Patricia ne semblait pas nerveuse. Au contraire.

Il écouta de nouveau.

– Que je parte en Afrique, moi? Mais pourquoi?

Il écouta en silence, un léger sourire aux lèvres.

– Il est certain que la ministre de l'ACDI est nouvelle dans ses responsabilités, mais c'est une femme brillante. Si vous l'avez nommée au cabinet, vous deviez avoir confiance en elle. Mais si vous croyez que...

Un silence.

– Soit, monsieur le Premier ministre, je partirai avec Philippe Granvert. Il connaît bien le dossier africain et pourrait nous seconder. Merci, monsieur. Oui, je vous téléphonerai de là-bas, dès que j'aurai compris ses difficultés.

Et, se tournant vers Philippe, interloqué, il lui dit en riant:

– Eh bien, Philippe, nos épouses partent; nous aussi. Demandez à Véronique de préparer ce voyage, et à mon conseiller en matière africaine de venir nous rejoindre. Décidément, la vie politique est remplie de surprises...

37

La vie professionnelle de Renaud était en effet si pleine de surprises qu'il fut complètement perdu de ne pas trouver Mathilde à la maison lorsqu'il y entra vers dix-neuf heures. «Mais où est-elle?», se demandait-il en arpentant le salon de long en large et en avalant un martini, puis un deuxième, puis un troisième.

Il ouvrit le réfrigérateur et n'y trouva rien d'autre que deux œufs. Fou de rage, il les jeta dans l'évier. «Philippe a dû se tromper. Mathilde et Élise sont déjà parties. Autrement, je saurais où est ma femme.» Il ouvrit la télévision, tira ses documents de sa mallette et essaya de distraire son inquiétude. Puis, n'y tenant plus, il composa un numéro de téléphone sur son cellulaire.

– Bonsoir, Élise. Savez-vous où est Mathilde? Non, elle n'est pas à la maison. Autrement, vous aurais-je téléphoné?

Il écouta.

– Excusez-moi, je suis inquiet, je ne comprends pas ce qui se passe sous mon nez et je veux discuter avec elle, et au plus vite, de votre voyage.

Il écouta, mais cette fois avec impatience.

– Non, je ne l'approuve pas. Merci, Élise. Si Mathilde le veut, elle le fera elle-même.

Il ferma brusquement son cellulaire, et, au même moment, Mathilde entra. Il regarda l'heure. Il était vingt heures.

– D'où viens-tu? lui demanda-t-il froidement.

– D'abord, change de ton, accueille-moi au moins poliment, et ensuite je te parlerai, répondit calmement Mathilde. Comme tu ne dînes plus jamais à la maison, je suis allée prendre un verre avec notre ami l'ambassadeur de France au Canada.

– Comme cela, et sans me prévenir?

– Te prévenir? Mais de quoi?

Renaud se leva, soudainement furieux, sa colère visiblement attisée par les martinis, et lui cria:

– De ce voyage insensé à Nice et à Paris, et de ton absence de la maison. Je n'ai pas dîné, moi.

– Pauvre Renaud! Et dire qu'il n'y a que deux œufs au frigo. Je te les cuis, chéri? lui répondit-elle en riant.

– Non. Je les ai jetés.

– Drôle d'idée, fit-elle en se dirigeant vers sa chambre.

– Mathilde, je n'ai pas envie de rire en ce moment. Je veux savoir pourquoi tu quittes Ottawa sans me demander mon avis.

– Me demandes-tu le mien lorsque tu quittes ton ministère pour Montréal, New York ou Toronto? Tu cours les capitales maintenant. Alors, vraiment, je n'ai pas cru que tu t'apercevrais de mon absence. Tu pars de la maison si tôt le matin que je dors encore, et quand tu rentres, le soir, je dors également. Alors, Renaud, calme-toi.

– Je suis ministre, Mathilde, et j'ai des devoirs à remplir.

– Et moi je suis conseillère du Premier ministre en ce qui concerne la condition féminine. J'ai aussi des devoirs à remplir. Je suis donc allée demander à l'ambassadeur de France, et surtout à son épouse qui était une amie dans notre passé diplomatique, de m'aider dans mon désir de rencontrer des femmes importantes en France. Et elle a été très heureuse de me promettre de le faire, et elle songe même à venir me retrouver à Paris. Voilà. Maintenant, es-tu plus rassuré ?

– Oh ! À quoi bon essayer de te raisonner ? Tu veux partir ? Alors, pars. D'ailleurs, moi aussi je pars dans deux ou trois jours, rejoindre la ministre de l'ACDI en Afrique, à la demande pressante du Premier ministre.

Mathilde le regarda gravement.

– Crois-tu, Renaud, que lorsque nous nous retrouverons ici, dans notre maison, dans nos tête-à-tête habituels, nous retrouverons également le bonheur d'être ensemble, au moins une ou deux fois par mois ?

Et, sans plus le regarder, elle marcha vers leur chambre en disant :

– Je vais préparer mes valises...

38

Cinq jours plus tard, Renaud et Philippe étaient revenus chez eux. Fatigués, étourdis par de trop longues heures de vol et des jours de travail intense, ils avaient décidé de prendre deux jours pour se remettre de ce voyage épuisant. Durant le vol de retour, ils avaient convenu de faire le point sur leur engagement en politique active.

Renaud était soulagé par l'absence de Mathilde, mais désemparé par le silence de sa maison. En ouvrant le réfrigérateur, il avait compris que sa femme avait eu le temps de le bien garnir. Cette générosité de dernière heure pour lui l'émouvait mais elle accentuait son malaise. Renaud était profondément troublé par deux émotions contradictoires. La première provenait de la joie d'avoir vécu de courtes amours folles avec Patricia McBride, et la seconde, de sa découverte de l'incompétence de la jeune femme devant les dossiers de l'ACDI. Sa difficulté à parler français ne l'avait pas aidée en Côte-d'Ivoire, et son incapacité de se mettre au diapason de ses hôtes avait souvent irrité le ministre des Affaires étrangères, plus familier et plus au fait de la difficulté de vivre dans ces pays dévastés par la faim, l'absence d'eau et la promiscuité avec les guerres et la sécheresse. La ministre se méprenait sans arrêt sur l'aide au développement, qui était un don du gouvernement canadien aux Africains et non un prêt. Un don qui renforçait l'économie des provinces, de qui le gouvernement achetait ce qui était nécessaire au développement des pays du Tiers-Monde.

«Mais, se disait-il en tournant en rond dans sa maison, comment me sortir de cette impasse? Si Mathilde dit vrai quand elle prétend qu'au sein des milieux politiques les femmes éprouvent de grandes difficultés à gravir les divers échelons du pouvoir, comment prier le Premier ministre de muter Patricia à un autre ministère ou de la radier des rangs de son cabinet sans me faire moi-même accuser d'être macho ou anti-femmes?»

En cette fin de septembre, le soleil brillait encore de tous ses feux, ce qui permit à Renaud de plonger dans la piscine afin de détendre ses muscles fatigués, de se rafraîchir les idées et de se ressaisir. «Mon aventure avec Pat est terminée, j'en suis certain, car nous avons convenu tous les deux de nous en tenir à une brève liaison. Heureusement pour moi», se répétait-il en endossant un paréo en ratine bleu marine. Il se prépara un martini et prit place devant sa télévision. Renaud manquait rarement le journal télévisé de France 2, lui et Mathilde voulant tous deux demeurer au courant des événements douloureux ou en tout cas rarement heureux qui se produisaient dans les pays qui les avaient accueillis avant leur retour à Ottawa. Mais il ne prévoyait pas que, vers la fin du bulletin d'informations, l'animateur, se tournant vers une femme encore invisible devant les caméras, allait tout à coup dire:

— Nous sommes heureux ce soir d'accueillir sur notre plateau une femme que plusieurs Français ont eu l'honneur de connaître.

Et, devant un Renaud soudain médusé, Mathilde apparut sur l'écran. Elle était assise à la table ronde qui tenait lieu de pupitre à l'animateur du journal télévisé et elle souriait gentiment, sans hauteur, belle et radieuse comme jamais Renaud ne l'avait vue.

— Madame, soyez la bienvenue dans ce pays que vous connaissez bien, puisque vous êtes l'épouse de celui qui fut durant près de trois ans l'ambassadeur du Canada en France, Son Excellence Renaud Lemurest. Votre mari est ministre maintenant?

— Oui, répondit avec un rien de fierté Mathilde. Il est ministre des Affaires étrangères, et à ce titre il reviendra, comme je le fais moi-même, plusieurs fois chez vous. Nous avons été très heureux à Paris.

— Mais vous-même, madame, vous êtes à Paris à titre officiel?

— Officiel, pas tout à fait, fit Mathilde doucement. Mais le Premier ministre Lecarré m'a confié la tâche de tenter de mieux comprendre les difficultés des femmes aux prises avec la misère, la guerre, les agressions, l'épuration ethnique, un peu partout dans le monde, où mon mari devra se rendre au nom du gouvernement canadien. Je suis très fière de constater que le très honorable Lecarré manifeste son intérêt pour nous toutes, et à ce titre je suis venue à Paris cette semaine pour établir de bons contacts avec des Françaises, elles aussi préoccupées par ces problèmes. Je suis heureuse de leur dire, à cause de votre amabilité à me recevoir dans ce studio, ma reconnaissance pour leur empressement à discuter avec moi.

Renaud était stupéfait. Mathilde emplissait l'écran, non seulement par sa beauté, la grâce de ses réponses, l'aisance avec laquelle elle s'exprimait, mais par une assurance qu'il ne lui connaissait pas. L'émission terminée, le téléphone sonna aussitôt.

— Avez-vous vu Mme Lemurest à la télé française, monsieur le ministre? demanda Philippe. Je ne lui connaissais pas une telle aisance devant les caméras.

— Moi non plus, Philippe, et je suis rempli d'admiration pour sa prestation télévisée, mais bien peu satisfait de moi. Et comme vous connaissez tout de ma vie politique, diplomatique et privée, je n'ai pas de honte à vous dire que je ne suis pas particulièrement fier de moi ou des compétences de la ministre McBride. Mais comment, Philippe, en informer le Premier ministre sans déformer sa profession de chargée d'affaires de l'ACDI, ou du CIDA, comme elle persiste souvent à dire? Philippe, venez me rejoindre, si vous n'êtes pas trop aux prises avec les effets du décalage horaire. Mathilde a eu la gentillesse, avant de partir, de me laisser des plats au frigo. Vous êtes, m'a-t-elle déjà dit, un cuisinier hors pair. Moi, je mourrais de faim devant un réfrigérateur plein. Alors, nous mangerons ici et nous parlerons tous les deux en toute liberté.

Il écouta un moment, puis dit:

— Oui, vers vingt heures, pour un plongeon dans la piscine si le cœur vous en dit. Je dois prendre des décisions et elles ne seront pas faciles à accepter, pour moi, pour vous et pour la ministre.

Il déposa le combiné et ferma la télévision. Il se cala dans son fauteuil et téléphona à Véronique pour lui dire d'annuler tous ses rendez-vous du lendemain, alléguant une grande fatigue due à son séjour trop rapide et trop mouvementé à Abidjan.

– Je vous parlerai plus tard, Véronique, mais si vous vous sentez trop seule ici, peut-être désirez-vous retourner en France? Oui, j'ai vu Mme Lemurest à la télé, elle a été brillante. Au revoir, Véronique. Nous parlerons de tout cela dans quelques jours. Où? Mais au ministère, répondit-il plutôt froidement.

«Décidément, je me suis mis dans de beaux draps avec toutes ces femmes, pensait-il. Non, je ne suis pas fidèle. Mathilde le sait-elle? Jamais elle n'a fait d'allusion directe à mes amours de passage. Pourtant, malgré mes nombreuses liaisons, je l'aime profondément, et si elle devait agir vis-à-vis de moi comme moi je l'ai fait, je ne sais si je serais capable de lui pardonner. Heureusement que mes fonctions me délèguent hors du pays. Ici, dans ce milieu majoritairement anglophone, je me fige. Le Premier ministre a raison de me conseiller d'être moins distant avec mes collègues de langue anglaise. Mais je ne parviens pas à comprendre comment un homme ou une femme vivant sur le continent nord-américain, ouvert désormais, à cause de l'autoroute électronique, à tous les autres pays, peut se cantonner dans une seule langue lorsqu'il est si enrichissant d'en parler plusieurs. J'en ai appris six, Mathilde également, et c'est à cause de notre facilité de converser avec des étrangers que nous avons toujours été si bien reçus partout où nous avons représenté le Canada, majoritairement unilingue et qui fait semblant de respecter le bilinguisme officiel avec un petit appareil planté dans les oreilles anglophones pour permettre la traduction simultanée.»

Il se dirigea vers sa chambre et endossa des vêtements sport, pantalons beiges et t-shirt Lacoste.

«Est-ce que je démissionne ou est-ce que je tente d'orienter ma vie politique et personnelle autrement? Dois-je prier le Premier ministre de donner un autre ministère à Patricia ou l'installer dans l'édifice Lester B. Pearson où je travaille? Mais si elle vit sous mon nez, me retrouverai-je dans son lit le soir, et, ce faisant, ne risquerai-je pas des indiscrétions impardonnables? Car ici tout se pardonne en catimini, mais rien n'est absous et nous ne le serions certainement pas si nos intimités éclataient sur la place publique. Et maintenant que Mathilde a fait une si belle apparition dans les foyers français grâce à cette émission dont sûrement j'entendrai les échos sur le réseau RDI qui ne manquera pas l'occasion de rappeler que, non élue, ma femme se donne de l'importance à l'étranger, comment à la fois la protéger et me protéger?»

Renaud réfléchissait à son comportement d'homme, d'époux, d'ex-diplomate et de ministre plus intensément qu'il ne l'avait jamais fait auparavant. Il se savait à un point tournant de sa carrière.

«Il me faut d'abord et avant tout protéger et seconder Mathilde. Si les élues sont déçues par elle, les autres femmes du monde entier n'ont que faire de nos mesquines coutumes politiques et elles l'accueilleront avec respect et admiration, ce qu'elle a toujours reçu de tout le monde. »

Il se leva, se servit cette fois un gin tonic et regarda l'horloge.

« Dans dix minutes, Philippe sera ici, et je serai honnête avec lui comme il l'a été avec moi. Je le sais près de Mathilde, admiratif de sa beauté et de ses qualités, et je ne veux pas en apprendre plus sur ses sentiments envers elle, car j'ai besoin de son appui. Nous travaillons côte à côte depuis trop longtemps pour risquer de perdre ce qui nous relie. Mais que faire avec la ministre McBride ? À Abidjan, nous avons été fous ; ici, il nous faudra être sages et redevenir deux ministres du cabinet Lecarré, rien de plus. »

Tout à coup, il se leva et dit à haute voix :

— Mais oui, je l'ai ! La voilà, la solution à nos problèmes !

La porte étant ouverte, Philippe entra.

— Le bar est sur le buffet. Servez-vous avant de vous baigner, si le cœur vous en dit, lui conseilla Renaud en guise de salutation.

Philippe fit exactement cela. Après quelques brasses dans la piscine, où l'eau était fraîche sans être glaciale, il en sortit, s'enroula dans une large serviette de bain qu'il avait apportée et prit place à côté du ministre, son verre de gin à la main.

— Ouf ! que cette baignade m'a fait du bien, monsieur ! Merci. Ce voyage a été difficile pour vous, je le sais, mais il le fut aussi pour moi. Car je devais constamment expliquer en termes plus clairs à nos amis africains ce que madame la ministre leur disait en un français assez douteux, excusez-moi de le souligner.

– Philippe, Patricia McBride sera mutée, et rapidement. Demain, je demanderai à parler au Premier ministre.

– Monsieur, allez-y doucement. Si vos collègues féminines du cabinet apprenaient que vous avez demandé la démission de leur collègue de l'ACDI, vous serez critiqué, et est-ce que cela aiderait Mme Lemurest ?

– Philippe, vous n'avez pas compris ; je n'ai pas dit que je demanderais sa démission, mais sa mutation à un autre ministère.

– Lequel ? demanda Philippe.

– Écoutez-moi.

Et Renaud commença à lui confier tout ce qui le troublait depuis son retour d'Afrique. Et il insista devant son chef de cabinet, conseiller et ami, sur son admiration pour l'entrevue télévisée de sa femme, en faisant remarquer qu'ils n'avaient ni l'un ni l'autre vraiment secondé leurs épouses dans les responsabilités qu'elles avaient assumées.

– Voilà pourquoi, Philippe, ajouta avec fermeté Renaud, je vais prier le Premier ministre de créer pour Patricia McBride, et donc aussi pour Mathilde et Élise, un ministère de la Condition féminine. Les Canadiennes francophones et anglophones le demandent. Alors, le temps est venu de leur donner un tel ministère. Si la ministre McBride n'a pas la sensibilité européenne, elle est féministe et cela se voyait en Afrique. Donc, à la tête d'un tel ministère, elle excellerait, et Mathilde pourrait être déléguée par elle pour la remplacer dans le monde. Qu'en dites-vous?

– Il est certain que nos épouses ne peuvent remplir le mandat qui leur a été confié par le Premier ministre sans que leurs responsabilités soient respectées au pays. Et, en ce moment, elles sont critiquées. Je connais Élise, elle ne supportera pas longtemps de travailler dans un tel climat.

– Mathilde non plus. Plus je pense à elles, Philippe, plus je crois qu'elles pourraient toutes deux être utiles si un ministère de la Condition féminine était mis sur pied. Après tout, Philippe, plusieurs non-élues siègent à des commissions diverses. Mais passons à la cuisine; je vous confie notre dîner. Je commence à avoir faim. Et vous?

39

Le lendemain matin, à huit heures trente, Renaud fut brutalement réveillé d'un lourd sommeil par un appel téléphonique de sa secrétaire, Véronique Moreau.

– Excusez-moi, monsieur le ministre, mais Mme Lecarré désire vous parler. Dois-je transférer l'appel ?

– Oui, fit Renaud en s'assoyant dans son lit.

Il frotta son visage dans sa main et attendit.

– Mes hommages du matin, madame, fit-il en entendant la voix de la femme du Premier ministre.

– Bonjour, Renaud, dit alors Céline Lecarré. J'ai vu votre femme à la télé au réseau TV5 hier soir, et je désire lui parler. Où loge-t-elle à Paris ?

Renaud secoua la tête, hésita un moment, puis il lui répondit :

– Je ne le sais pas, madame.

– Mais enfin, Renaud ! protesta-t-elle.

– Je suis parti, à la demande de votre mari, rejoindre la ministre McBride en Côte-d'Ivoire le lendemain du départ de Mathilde pour notre appartement à Nice. Je suis rentré au pays au moment où Mathilde se rendait à Paris. Comme elle n'a pas téléphoné hier...

— Si elle le fait ce matin ou dans quelques heures, soyez assez aimable pour demander à votre secrétaire de me faire connaître son numéro. Par ailleurs, Renaud, mon mari et moi vous invitons à dîner chez nous à vingt heures ce soir. Vous y serez ?

— Oui, madame, et avec grand plaisir. J'ai des choses importantes à vous confier, tous les deux. Au revoir, madame.

Renaud se recoucha et tenta de dormir, mais, nerveux et tendu, il en fut incapable et se leva. Il marcha vers la cuisine, se prépara un café, et rapidement composa le numéro de téléphone de Philippe. Une voix engourdie de sommeil lui répondit.

— Philippe, avez-vous eu des nouvelles de nos épouses ? La femme du Premier ministre vient de me demander où Mathilde loge, et j'ai eu l'air d'un parfait imbécile en lui expliquant, vaguement, pourquoi je ne le savais pas.

Il écouta, et, en poussant un soupir de soulagement, il dit :

— J'aurais dû le deviner. Mathilde et moi avons souvent logé à l'hôtel Saint James et Albany, au 202, rue de Rivoli. Voulez-vous demander à Véronique de la joindre ? Si Mathilde est effectivement descendue à cet hôtel, dites à Véronique de téléphoner au bureau du Premier ministre et de donner le numéro de l'hôtel à sa secrétaire. Ce soir, je dîne rue Sussex et je serai plus à l'aise si Mme Lecarré sait elle aussi où loge ma femme. Demandez aussi à Véronique de prévenir le chauffeur de passer me chercher ici à dix-neuf heures quarante-cinq, et de faire envoyer des fleurs à Mme Lecarré.

Il écouta de nouveau Philippe.

– Oui, Philippe, oui. Je vais proposer au Premier ministre de muter la ministre McBride et je suis raisonnablement certain que Mme Lecarré appuiera ma demande.

À vingt heures précises, le ministre Lemurest entrait au 24, Sussex. Le Premier ministre et sa femme l'attendaient dans la petite bibliothèque jouxtant le grand salon. Le chef du gouvernement lui tendit un verre de vin et Renaud prit place entre eux.

– Je n'ai pas réussi à joindre Mathilde, Renaud, dit alors Céline Lecarré. Mais au moins nous savons maintenant à quel hôtel elle loge.

– Je lui téléphonerai demain matin, fit Renaud en souriant. Elle mérite, je pense, toute mon attention. Sa présence à la télé française m'a bouleversé. Je ne connaissais pas ce côté de Mathilde. Quand j'étais diplomate, nous évitions ce genre d'activités.

– Je suis fière d'elle, admit le Premier ministre. Elle fait honneur à ma décision de lui confier un mandat qui fut, hélas, critiqué ici.

– Et Mathilde en a souffert, ajouta Renaud.

– Comme, enchaîna aussitôt Céline, elle se languissait de vous ici.

Renaud soupira et admit:

– Je le sais. Mais mes heures au ministère et au Parlement, comme les vôtres, monsieur le Premier ministre, sont longues. Je quitte la maison à sept heures le matin et reviens vers vingt heures, sinon plus tard, et cela presque tous les jours.

— Elles le sont, oui, fit le Premier ministre, mais autant que possible je dîne avec ma femme ici, tranquillement.

— Me permettez-vous, monsieur, d'oser une suggestion concernant Mathilde, Élise Granvert et la ministre de l'ACDI?

— J'ai appris par notre ambassadeur à Abidjan qu'elle connaissait certaines difficultés.

— Oui, fit alors Renaud, mais non insurmontables. Cette femme est brillante. Elle éprouve en ce moment un peu de nervosité puisque ce voyage est son premier hors du pays, mais...

Il s'interrompit.

— Mais quoi? demanda Céline Lecarré. Parlez, Renaud. Mon mari pressentait, et il me l'a dit ce matin, que vous auriez des choses à lui dire dès votre retour.

Renaud se leva, et, se tenant droit devant le Premier ministre, il décida de foncer, se disant intérieurement: «S'il refuse ma suggestion, je lui remets ma démission.»

— Monsieur le Premier ministre, depuis la prestation de Mathilde à la télévision française, j'ai compris que je ne devais pas risquer la réputation de ma femme en la laissant continuer de travailler seule avec Élise Granvert mais sans l'appui de nos compatriotes, qui acceptent mal le mandat si important que vous lui avez confié.

— Vous souhaitez que je le lui retire? demanda avec sa coutumière brusquerie le Premier ministre.

— Non, monsieur, fit alors Renaud en revenant à son fauteuil. Je souhaite que vous le renforciez à travers un nouveau ministère.

— Lequel? demanda Alain Lecarré.

— Le ministère de la Condition féminine, avec à sa tête Patricia McBride. Ce qui vous soulagera des gaffes qu'elle pourrait encore commettre à l'ACDI. Car franchement, monsieur, elle manque de sensibilité devant les problèmes des pays sous-développés. Simplement lui retirer ce ministère serait la condamner, mais la promouvoir à la Condition féminine redorerait son blason, tout en permettant à Mathilde de remplir son mandat un peu plus officiellement, ce qui ferait taire ses critiques.

— Cette suggestion est valable, Alain, dit Céline Lecarré. Dans les conditions actuelles, j'avais peur que Mathilde démissionne. Ce voyage à Paris aura au moins permis à ceux et celles qui l'ont regardée et entendue à la télé française de saisir son importance dans ce dossier. Venez, leur dit-elle, nous poursuivrons cette conversation à table...

40

Deux jours plus tard, il y avait branle-bas de combat politique au sein du gouvernement Lecarré. À la réunion mensuelle de son cabinet, le Premier ministre, arrivant le dernier et légèrement en retard, paraissait préoccupé. Il coupa court aux applaudissements de ses ministres et, avant même que l'un d'entre eux ose parler, il leur dit brusquement, sur un ton sans réplique :

— J'annoncerai à midi au Club de Presse un remaniement ministériel dont j'ai déjà parlé aux personnes concernées.

Tous écoutaient en se demandant qui était concerné. Qui serait muté, et où et pourquoi ?

Renaud paraissait le plus inquiet de tous. « Le Premier ministre ne m'a pas tenu au courant de ce bouleversement au sein du cabinet. Cela me laisse supposer qu'il n'a pas retenu ma suggestion de confier un autre ministère que l'ACDI à Pat. Pourtant, ce matin, se disait-il en la regardant, elle paraît souriante. »

— Écoutez-moi, reprit alors le Premier ministre, mais en quittant cette réunion, je compte sur votre discrétion. Pour une fois que ma décision n'a pas fait la une des journaux avant même que je la prenne, j'espère que l'effet de surprise incitera nos chers admirateurs de la presse à comprendre ce que je leur dirai. Tous s'esclaffèrent, sachant que, sauf deux ou trois commentateurs un peu plus âgés, donc plus avisés, le cabinet Lecarré n'avait pas la faveur des journalistes. Ils étaient toujours plus enclins à publier leurs opinions qu'à diffuser des informations.

– Voici donc le but du remaniement: refaire notre image, celle de notre politique étrangère, et nous retirer du champ de la culture. J'abolis le ministère de l'ACDI, je le rapatrie au sein de l'édifice Pearson en le dotant de deux hauts commissaires chargés, le premier, de l'Orient, le second, de l'Occident. Ces commissaires seront sous la juridiction du ministre des Affaires étrangères, et la ministre Patricia McBride deviendra ministre de la Condition féminine.

Percevant un murmure parmi les membres de son cabinet, il ajouta fermement:

– Depuis notre victoire, les femmes de toutes les provinces réclament un tel ministère, alors que toutes les provinces exigent d'avoir seules la juridiction sur elles. Je sais la ministre McBride assez forte pour défendre ses responsabilités. Je lui fais confiance. Les femmes du pays seront satisfaites d'être enfin en mesure de faire entendre au cabinet comme en Chambre leurs revendications. De plus, à ma suggestion, la ministre McBride créera une commission itinérante chargée de visiter certains pays recommandés par le ministre Lemurest. Son épouse, à qui j'avais confié un mandat difficile et critiqué, saura diriger cette commission avec toute la compétence dont elle a fait preuve à la télévision française. Aucun des membres ne sera élu; donc, je rétablis ce qui avait été perçu comme un abus de privilège puisque son époux était membre de mon cabinet.

Deux autres ministres furent mutés à leur tour. Celui du Commerce devint titulaire du Conseil du Trésor, et le Premier ministre abolit le ministère des Communications pour le transformer en ministère des Arts du Canada.

– Ainsi, dit-il aux membres du cabinet interloqués par ce brusque virage, les provinces ne nous accuseront plus d'empiéter sur leurs compétences, et si elles se plaignent que le nouveau ministre Jouvencel n'est pas assez généreux avec les multiples demandes de subventions des artistes de toutes nos régions, nous pourrons alors leur rétorquer: «Vous nous avez accusés d'intervenir dans vos dossiers, alors reprenez-les.»

Sur ces mots, il se leva et, sans attendre que ses ministres réagissent à ses propos, il retourna à son bureau du Parlement. Une heure plus tard, il traversait la rue Wellington pour entrer au Club de Presse.

41

Le Premier ministre, calme mais décidé, affronta les journalistes, venus à la demande de son attaché de presse, Maurice Lapierre. Celui-ci les avait prévenus que le chef du gouvernement avait des choses importantes à leur confier. En règle générale, le Premier ministre était respecté, mais peu aimé. Il demeurait distant avec les représentants de la presse, ne les invitait jamais rue Sussex, et refusait le plus souvent possible les conférences de presse. Alain Lecarré n'était pas homme de dialogue; avec ses proches, oui, mais avec les étrangers, non. Il se savait peu éloquent, prompt à la colère si ses propos étaient mis en doute, et deux ou trois fois, au lieu d'argumenter avec un commentateur qui cherchait à lui faire dire ce qu'il souhaitait taire, il avait quitté brusquement la tribune sur laquelle il prenait place, ayant à sa gauche le président du Club de Presse et à sa droite certains membres de son cabinet. Ce matin-là, il était seul à la table, mais, à mesure qu'il dévoilait le nom de ses nouveaux ministres, ceux-ci, un par un, venaient le rejoindre. La première à prendre place à sa droite fut Patricia McBride, assez populaire auprès de ses ex-collègues, ayant été elle-même journaliste avant de devenir députée et ministre.

Au fur et à mesure que le Premier ministre annonçait les mutations, les nouveaux ministres vinrent donc le retrouver. Une fois ses nominations terminées, il quitta le Club, laissant à ses ministres le soin de défendre leurs positions. Ce qu'ils firent adroitement, ayant été bien briefés par leur chef de cabinet, leurs conseillers et leurs nouveaux fonctionnaires.

Le lendemain matin, Maurice Lapierre se hâta de faire parvenir les coupures de presse au Premier ministre, qui faillit s'étouffer avec son café en constatant que, pour une rare fois, la presse, anglophone et francophone, le félicitait de son remaniement ministériel. Il se hâta de monter l'escalier et, n'hésitant pas une seconde, il éveilla Céline en lui disant:

— Lis, lis, lis... Tu seras fière de moi!

Céline, encore engourdie de sommeil, s'assit dans son lit et, parcourant rapidement quelques articles, elle lui dit en souriant:

— En effet, Alain. Cette fois, tu mériterais l'Ordre du Canada. Et les journalistes aussi. J'ai hâte de parler à Mathilde Lemurest. En voilà une qui sera fière de toi à son tour. Tu vois, Alain, tu doutais parfois de la loyauté de Renaud en l'imaginant assoiffé de pouvoir. À cause de sa suggestion quant à Patricia McBride, tu viens de récolter le vote de la majorité des femmes.

— S'il fallait désormais que je dise merci à un homme qui me doit sa carrière et son importance, rétorqua le Premier ministre.

— Dire merci, ça ne coûte rien; ne rien dire, ça pourrait te coûter cher.

42

Dès le lendemain matin, Renaud, depuis son bureau du ministère, téléphona à l'hôtel de Mathilde à Paris, pour lui demander de revenir le plus tôt possible. Il lui raconta le but du remaniement ministériel, mais se garda bien d'évoquer les raisons pour lesquelles la ministre McBride avait été mutée.

Mathilde l'écoutait en silence et Renaud, soudainement impatienté par le mutisme de sa femme, lui dit brusquement:

– Mathilde, te rends-tu compte que désormais tu pourras diriger ta propre commission et emmener tes collègues où tu le souhaiteras, à Beijing, si tu veux? Voilà, Mathilde, la raison pour laquelle je te prie de revenir chez nous au plus vite.

Il écouta.

– Merci, Mathilde. Oui, ajouta-t-il doucement, tu as fait sensation au pays par ta prestation à France 2. Non, ne t'occupe de rien concernant vos billets. Tout sera préparé par le ministère, et Élise et toi aurez tout simplement à les réclamer à Orly, au comptoir d'Air Canada. Et je serai à l'aéroport. À bientôt, Mathilde. J'ai très hâte de te retrouver.

Il raccrocha le combiné, poussa un soupir de soulagement, et au même moment Véronique entra dans son bureau, suivie d'un messager du Parlement.

– Excusez-moi, monsieur le ministre, dit-elle, mais ce messager tient à vous remettre de la main à la main une lettre du Premier ministre.

Le messager tendit la lettre, salua légèrement le ministre et quitta le bureau, suivi de Véronique. Renaud regarda l'enveloppe. Elle portait la mention suivante: «Pour les yeux de l'honorable ministre Renaud Lemurest seulement.»

Il l'ouvrit rapidement; une communication du Premier ministre soulevait chez tous ceux et celles qui la recevaient une inquiétude mêlée de joie et de fierté. Renaud lut, à sa plus grande surprise, une lettre de Mme Lecarré invitant Mathilde et lui à un dîner, rue Sussex, le vendredi suivant. Il la déposa dans son porte-documents en se disant: «Mathilde arrivera mercredi, elle aura donc le temps de se reposer avant cette réception.»

Philippe entra dans son bureau sans avoir été annoncé par Véronique. Il tenait lui aussi une enveloppe dans sa main.

– Monsieur le ministre, Élise et moi sommes invités à dîner chez le Premier ministre. C'est incroyable! Jamais nous n'aurions osé espérer un tel honneur. Élise vient de me téléphoner de Paris pour me prévenir de son retour après-demain.

Renaud, un peu étonné, lui répondit aimablement:

– Vous le méritez tous les deux, non seulement pour l'importance de vos fonctions au ministère, mais surtout pour vos années de loyauté à notre mission diplomatique.

Renaud leva la tête vers Philippe et demanda, avec un rien de nostalgie dans la voix :

– Avez-vous oublié qu'un jour nous fûmes diplomates ?

– Oublié ? Non, jamais, monsieur le ministre. Mais *vous* étiez diplomate, pas moi..., fit-il en riant.

– Philippe, trouvez-moi quelque part dans ce ministère une armoire ou bibliothèque qui recèle des dossiers sur nos liens avec la Grande-Bretagne. Il est temps pour moi de me pencher sur cette relation.

– Elle est explosive, monsieur le ministre, déclara Philippe. Personne au gouvernement Lecarré, comme d'ailleurs dans tous les autres avant lui, n'a jamais remis en question nos rapports avec le Commonwealth et la Couronne britannique.

– Eh bien, Philippe, fit le ministre, moi j'oserai.

Philippe le regarda mais déjà son patron était plongé dans ses documents. Sans ajouter un mot, il quitta rapidement le bureau.

43

Avant d'entrer dans la salle à manger de la résidence officielle des Lecarré, leurs cinq invités s'étaient
penchés sur le plan de table, déposé, dans son cadre de
cuir, sur une petite table, afin de savoir, en lisant leurs
noms inscrits sur une feuille blanche, où ils prendraient
place. Cette coutume élégante et pratique, mise au point
par les préposés au protocole, avait pour but d'éviter aux
invités d'être assis à côté de celui ou de celle qui ne leur
était pas sympathique. C'est ainsi que Renaud constata
que la nouvelle ministre était à la droite du Premier ministre, Mathilde à sa gauche, et lui à la droite de Mme Lecarré, et les Granvert au milieu de la table, se faisant face.
«Jamais, se disait Mathilde, je n'ai vu ici une aussi belle
décoration.» À chaque place, un mini-chandelier en argent supportait le carton portant le nom de l'invité et un
menu était dissimulé sous la serviette déposée à gauche
du couvert. Le dîner était, de toute évidence, haut de
gamme: saumon fumé au caviar comme entrée, côtes
d'agneau aux poires comme mets principal, et soufflé au
Grand-Marnier succédant au sorbet au schnaps de poire.
L'élégance de la table eut une influence agréable sur le
comportement de chacun des invités.

Les conversations se poursuivirent tout le temps du dîner, et, lorsque le maître d'hôtel leur versa le champagne, le Premier ministre se leva et immédiatement tous les convives se turent.

– Mes chers amis, fit le Premier ministre, je vous demande, messieurs, dit-il en souriant, de vous joindre à moi pour boire à la santé de la nouvelle ministre, Patricia McBride, de Mathilde Lemurest, d'Élise Granvert et de mon épouse.

Tous les hommes se levèrent et attendirent que le Premier ministre dise:

– À votre santé, mesdames.

Levant sa flûte vers chacune d'elles, il but quelques gorgées de champagne. Lorsque tous se furent rassis, il redevint sérieux et dit:

– Je suis heureux que tant de femmes de par le monde aient déjà fait parvenir des messages de confiance à mon bureau comme à celui de notre nouvelle collègue. Avec l'aide de Mathilde Lemurest, nous allons établir des ponts entre les nanties et les démunies, entre les femmes meurtries par la guerre et celles qui travaillent pour la paix, et nous allons tous ensemble construire un monde meilleur, non seulement pour nos épouses, nos filles et nos copines, comme les jeunes disent maintenant, mais pour nous.

Élise avait été étonnée de se voir mise à l'écart du duo Patricia McBride et Mathilde Lemurest. «Je ne suis plus dans les faveurs du Premier ministre», pensait-elle tristement. Mais au moment où tous passèrent prendre le café au salon, le Premier ministre fit un signe à Philippe et tous les deux disparurent dans la bibliothèque. Devant sa femme, Renaud n'osait s'approcher de Patricia, ayant compris qu'elle aussi se tenait loin de lui. Pourtant, elle devait sûrement connaître la raison de cet aparté entre le Premier ministre et Philippe, son chef de cabinet.

Quelques instants plus tard, un domestique vint demander à Élise de rejoindre son mari et le Premier ministre dans l'autre pièce.

«Allons, se demandait Renaud, que se passe-t-il?»

Dix minutes plus tard, le Premier ministre revint, accompagné d'Élise et de Philippe, tous deux visiblement bouleversés. Céline, déjà au courant des secrets de son mari, pria Mathilde de prendre place à ses côtés. Renaud se rapprocha d'elle et de sa femme.

Alain Lecarré prit sa tasse de café, attendit que le garçon de table offrît à ses invités un plateau chargé de verres de cognac, et de nouveau il se leva.

— Ce soir, je brise toutes les traditions de notre pays. Je demande au ministre Lemurest de ne pas m'en vouloir d'avoir recours au privilège inhérent à ma fonction de Premier ministre pour nommer un sénateur sans consulter mon cabinet, mes collègues et mes amis. Je vous annonce donc, ce soir, ici, tout en vous recommandant d'attendre le communiqué officiel de mon bureau pour commenter la nouvelle, que Philippe Granvert deviendra dans une semaine le nouveau sénateur de Blanc-Mouton. Ainsi, il remplira deux fonctions: seconder le ministre des Affaires étrangères dans son district et dans son comté, et représenter les intérêts de mon gouvernement au sein de la Chambre haute, une Chambre, ajouta-t-il en riant pour briser le silence qui l'entourait, que d'aucuns disent basse, à cause du patronage que tous les Premiers ministres y font en vertu de notre constitution. Alors, monsieur le nouveau sénateur, buvons à votre santé !

Ce que tous firent. Mais Renaud était bouleversé et heureux. «Perdre Philippe à mes côtés, c'est une tragédie, mais voir cet homme de grands talents avoir enfin les occasions de les faire valoir, c'est bien», se dit-il en constatant que Philippe le regardait avec une inquiétude profonde au fond de ses yeux. Mathilde, elle, ne cachait pas sa joie en embrassant une Élise à ce point émue qu'elle était incapable de dire un mot, mais à son tour elle était bouleversée. Élise avait été durant dix ans sa conseillère et, au fil des années, son amie, sa confidente. Et Mathilde cachait au fond de son cœur le remords de sa courte liaison avec Philippe.

La soirée s'acheva aimablement, mais quelque chose d'un peu faux viciait l'atmosphère du 24, rue Sussex.

44

Lₐ veille de son assermentation au Sénat, Philippe Granvert était nerveux. Bien qu'il fût rompu à la relativement obscure mais importante tâche de conseiller diplomatique et politique, se voir projeté du jour au lendemain sous les feux de la rampe le traumatisait. Durant toute sa carrière, Philippe était demeuré à l'ombre de son patron dans les différentes ambassades, ainsi qu'au ministère des Affaires étrangères. Depuis le dîner très officiel chez le Premier ministre une semaine auparavant, Philippe percevait la déception mêlée d'amertume de Renaud Lemurest.

De nature généreuse, ce dernier tentait, mais en vain, de dissimuler sa rancœur contre le Premier ministre qui, avec le consentement des principaux membres de son cabinet, avait passé outre aux objections que sans doute lui aurait opposées son ministre des Affaires étrangères à la seule idée de perdre un homme en qui il avait une confiance totale. Philippe Granvert avait été essentiel à sa carrière diplomatique et politique, et Renaud pressentait que sans lui son travail au ministère et dans les pays étrangers serait fort difficile. Ses sous-ministres, conseillers, attachés culturels, militaires, économiques, etc., étaient presque tous anglophones, et autant Renaud était dépourvu de préjugés à leur endroit, autant il se sentait plus à l'aise avec ses compatriotes francophones. Et il n'était pas à ce point sourd à ce qui se murmurait au sujet de cette nomination, évidemment jugée comme une autre manifestation du patronage gouvernemental. Le Premier ministre cherchait de toute évidence, lui avait confié un journaliste au fait des potins de coulisses, à diminuer le prestige des Lemurest. Jusque-là, les Granvert ajoutaient leurs expériences personnelles au savoir-faire du ministre, de sorte que tous quatre formaient, comme l'avait un jour écrit *The Citizen*, «*a government within the government*». Renaud avait conclu que le Premier ministre lui recommanderait un de ses propres conseillers pour remplacer Philippe, de sorte que le ministre des Affaires étrangères serait mieux encadré pour demeurer dans les visées politiques du cabinet Lecarré. Lorsque, par exemple, Renaud Lemurest et son épouse voyageraient à l'étranger, le futur conseiller serait plus bavard avec le chef de cabinet du Premier ministre et celui-ci serait moins inquiet du prestige de Lemurest devant l'opinion publique canadienne et face aux hommes d'État étrangers.

«Je paie le prix fort pour avoir bien conseillé le Premier ministre, se disait Lemurest, et pour lui avoir permis de retrouver une popularité auprès des femmes du pays. Mais, se répétait-il les dents serrées, il ne perd rien pour attendre. Il ne m'a pas consulté pour décider de nommer Philippe au Sénat; pourquoi le consulterais-je pour notre politique étrangère? J'en suis responsable auprès du cabinet, donc j'assumerai mes responsabilités d'une manière très indépendante.»

45

Face à son mari dans leur salle à manger, Mathilde était en proie à un désarroi profond. Même si elle ne souhaitait aucunement revivre les heures folles de sa brève liaison avec Philippe, le départ de celui-ci de son entourage immédiat lui faisait peur. «Que deviendrai-je sans sa loyauté, ses conseils, sa présence quasi quotidienne auprès de Renaud et moi?», se demandait-elle. Inquiète à l'idée que son anxiété puisse laisser percer une vérité qu'elle et Philippe avaient convenu de taire et d'oublier, Mathilde se faisait rassurante auprès de son mari.

Renaud mangeait son dîner distraitement. Visiblement, il n'était pas en appétit. «Mais au moins, se disait Mathilde, depuis mon retour de Paris, il est plus souvent à la maison. Je m'en réjouis, oui, mais comment soulager son chagrin?»

— Tu ne dis rien, Renaud. Pourquoi? lui demanda-t-elle.

— Parce que je suis furieux.

— Du départ de Philippe? fit-elle doucement.

– Oui et non. Certes, il me manquera au ministère. Sa présence, sa loyauté, denrées si rares en politique, me sécurisaient. Mais il y a autre chose. Le Premier ministre se venge, Mathilde. Nous sommes trop populaires ici. Toi surtout, en ce moment, lui dit-il doucement. Tu as fait sensation à Ottawa lors de ton entrevue à la télévision française. De plus, un Premier ministre craint toujours la puissance et le prestige d'un de ses ministres. Je lui ai donné de bons conseils; il est devenu populaire à cause de moi. Donc, je suis puni, et furieux, avoua-t-il. Je méritais mieux.

– Oui, convint Mathilde, tu méritais mieux. J'ai été étonnée, et je te le dis entre nous, d'apprendre par le Premier ministre lui-même, et chez lui en plus, la nomination de Philippe au Sénat. Céline aurait pu me prévenir, non?

– Non, Mathilde. Elle était tenue au secret. Mais le Premier ministre aurait dû me prévenir, moi. La ministre McBride devait le savoir, puisque, bien sûr, elle a dû passer quelque temps avec Lecarré avant d'accepter sa nomination.

– Ce ministère n'est-il pas une première chez nous, à ce niveau de gouvernement? observa Mathilde. Comment l'expliquer? Le sais-tu, Renaud?

– Autant te l'avouer, Mathilde: à l'ACDI, la ministre fut un désastre. Philippe et moi avons dû la sauver de bourdes énormes plus d'une fois durant notre séjour à Abidjan, dit-il en évitant de la regarder. J'ai donc prié le Premier ministre de la nommer ailleurs.

– Elle est séduisante, non? demanda Mathilde.

– Séduisante, oui, répondit-il en se levant de table. Mais intelligente, un peu moins...

Ils passèrent au salon et Renaud se plongea dans ses documents.

«Comme tout cela est bizarre! se disait Mathilde en se dirigeant vers sa chambre pour regarder la télévision. J'ai l'impression de nager en plein mystère.»

46

– Tu crois qu'il viendra? demanda Philippe à
Élise qui lui versait une deuxième tasse de café dans leur
appartement.

Élise savait son mari de plus en plus nerveux. Demain, il deviendrait officiellement sénateur de Blanc-
Mouton. Passer du statut de haut fonctionnaire, rôle obscur et de second plan, à celui de membre du Sénat du
Canada représentait un changement de vie qui lui faisait
peur.

– Oui, ton frère viendra, Philippe; j'en suis certaine.

– Nous ne nous sommes pas parlé depuis près de dix
ans, protesta-t-il.

– Mais vous êtes frères jumeaux depuis quarante-
huit ans.

– Des frères, rétorqua Philippe amèrement, qui ne se
sont jamais compris ni aimés...

– Des frères liés par le cœur, l'âme et la naissance,
ajouta doucement et tendrement Élise. Au-delà de vos
divergences, vos convergences familiales vous unissent.

– Paul me méprise.

– Non, lui répondit-elle vivement. Il ne comprend pas que tu cautionnes des gouvernements dont la diplomatie va à l'encontre de ses engagements militaires. Sa mission de Casque bleu, choisie depuis sa décision de s'enrôler dans les rangs des soldats des Nations unies, lui a valu des heures d'angoisse et surtout, Philippe, ne l'oublions pas, de haut courage. Il juge sévèrement tous ceux qui prennent des décisions dans une sécurité qu'ils refusent à ceux à qui ils confient la défense des intérêts des pays en cause, expliqua posément Élise.

– Et il me juge sévèrement parce que je ne profite pas de ma position pour tancer le gouvernement dont je fus indirectement le porte-parole aux côtés de notre ami le ministre Lemurest, dans plusieurs pays dans lesquels Paul était impliqué. Voilà pourquoi, Élise, je ne crois pas à sa présence demain à mon assermentation et à la réception qui suivra.

Élise se leva, quitta la table et revint avec une bouteille de champagne.

– Du champagne, ce soir? Mais pourquoi? lui demanda son mari.

– Pour célébrer la venue de ton frère.

Le timbre de la porte retentit. Élise regarda sa montre en souriant et dit:

– Il est à l'heure.

– Qui ça, il? demanda Philippe en se levant pour ouvrir la porte de leur appartement.

Et Paul en uniforme, coiffé du célèbre béret bleu désormais célèbre partout dans le monde, entra. En voyant Philippe étonné, pour ne pas dire bouleversé, il se figea au garde-à-vous, salua militairement son frère et lui dit en souriant:

— Mes hommages, monsieur le sénateur.

Philippe ne bougeait pas; il était au bord des larmes. Brusquement, il entoura son frère de ses bras et le retint contre lui. Les deux hommes demeurèrent enlacés durant quelques secondes.

Le débouchage sonore de la bouteille de Mumm les fit se dégager pour se tourner vers Élise qui, souriante et émue, versait le mousseux dans de hautes flûtes.

— Et tu ne m'as rien dit de l'arrivée de mon frère, observa Philippe. Pourquoi?

— Parce que j'avais promis à Mathilde de me taire. Son mari a usé de toute son influence pour faire revenir Paul sur un avion militaire, afin de te donner ce merveilleux cadeau.

Les deux hommes levèrent leurs verres devant Élise, et Philippe, regardant gravement son frère qui déposait son béret bleu sur la table, lui demanda:

— Tu m'en veux toujours?

— Non. Je comprends mieux maintenant que le Canada est aussi coupable mais pas plus que tous les États membres des Nations unies, qui nous imposent de faire la paix tout en nous empêchant d'intervenir dans les guerres. Tu as servi dans autant de pays que moi, Philippe, ajouta gravement Paul, et autant que moi tu as dû constater qu'il est plus facile de proposer de maintenir la paix que d'y réussir... Ce que j'ai vu à Sarajevo et ailleurs entre Serbes et Croates dépasse tout ce que tu as pu imaginer...

Durant une partie de la nuit, les deux frères parlèrent franchement, ouvertement, fraternellement. Le lendemain, vers treize heures trente, Philippe, accompagné de son épouse et de son frère, se rendit dans le hall d'honneur conduisant au Sénat. Dans quelques minutes, il serait assermenté, et la présence du capitaine Granvert lui donnait un sentiment de fierté que sa nomination au poste de sénateur ne lui avait pas encore apporté. Élise et Paul furent conduits à leurs sièges, au premier rang de la galerie des visiteurs. Mathilde et Renaud Lemurest les y attendaient.

La cérémonie d'assermentation allait commencer.

47

Les débats sont rarement rapides au Sénat. Philippe eut donc le loisir de réfléchir durant environ quinze minutes à sa décision de siéger à titre de sénateur indépendant, avant de pénétrer dans l'admirable Chambre rouge. Sa volonté de ne pas subir les règles d'un parti et de ne pas devoir s'opposer à l'opposition avait été bien vue du ministre Lemurest, mais fort mal acceptée du Premier ministre. Pour apaiser les choses, Philippe l'avait assuré d'appuyer ses plus importantes législations, mais avait fait remarquer au Premier ministre que son passé de conseiller d'un ambassadeur, les révélations secrètes entre diverses chancelleries, ambassades et attachés militaires dont il avait été un témoin lié par le secret professionnel forceraient, croyait-il, les partis d'opposition à l'interroger sur des situations dont il ne pouvait parler. Finalement, le Premier ministre reconnut la sagesse de la décision de son nouveau sénateur, mais lui fit promettre de ne jamais s'en prendre à son gouvernement. «Refuser de répondre à l'opposition, c'est une chose ; critiquer mes décisions, c'en est une autre.» Philippe n'avait prévenu que son frère, durant leur conversation de la veille, ainsi qu'Élise et Renaud, quelques heures avant son assermentation, et tous étaient d'accord avec les raisons qu'il avait expliquées au Premier ministre. Le ministre des Affaires étrangères était rassuré. Son ex-conseiller et ami ne le placerait pas dans des situations embarrassantes au rappel de leur passé dans différentes ambassades. La politique, avait depuis des mois compris Renaud, était une chose ; la diplomatie en était une autre. « Je me demande, avait-il dit à Philippe, si ces deux paliers des affaires de l'État se rencontrent dans le même escalier. »

Finalement, alors que Philippe Granvert marquait le pas et cachait son impatience devant les portes fermées du Sénat, celles-ci s'ouvrirent sur le leader du gouvernement, qui avait décidé de parrainer l'assermentation du nouveau sénateur de Blanc-Mouton. Philippe, de plus en plus nerveux, marchait à ses côtés. Ils se rendirent tous deux à la table près de laquelle le greffier les attendait. Celui-ci tendit une Bible à Philippe, qui posa sa main gauche sur la couverture et jura sa loyauté à Sa Majesté la reine Élisabeth II, à la royauté, et au Sénat du Canada. Une fois cette formalité terminée, il suivit le leader jusque devant le fauteuil du président du Sénat, qui lui serra la main. Le sénateur Granvert le salua respectueusement, et se dirigea derrière le leader jusqu'au fauteuil qui lui était destiné dans la section réservée aux indépendants. Un murmure l'accompagna, car les sénateurs ne s'attendaient pas, ni du côté du gouvernement ni du côté de l'opposition, à le retrouver parmi les indépendants. « *Wrong side of the House* », lui cria l'opposition. « *Wrong place to sit* », répliqua aussitôt un sénateur perçu comme étant le porte-parole du Premier ministre Lecarré. Philippe ne bougea pas. Mais il leva la tête vers la galerie des visiteurs et, se levant, il salua les siens. Le ministre Lemurest se leva et à son tour salua le sénateur Granvert, alors que son frère, béret bleu sur la tête, en fit autant. Sa présence imposa le silence à la Chambre, et le travail des sénateurs reprit son cours normal.

Philippe regarda autour de lui. Il était subjugué par la beauté des lieux, l'aspect solennel de cette Chambre haute et rouge, qui deviendrait basse plus vite qu'il ne le soupçonnait en cette journée de gloire pour lui. Il fut frappé par l'élégance, le style, la beauté des boiseries sculptées, des immenses fresques qui illuminaient les murs. Le trône présidentiel avait quelque chose de majestueux. Le président, vêtu de sa houppelande noire, éclairée par un jabot blanc, avait grande allure. Philippe se demandait avec angoisse comment il oserait prendre la parole dans cette ambiance froide et rigide. Mais il eut tôt fait de comprendre que, si la Chambre avait de la classe, certains de ses collègues en avaient un peu moins. Petit à petit, il se détendit, se souvenant que le leader du gouvernement lui avait dit qu'il serait prévenu quelques jours avant de prononcer son premier discours. Mais il fut étonné de voir soudain à ses côtés un des jeunes pages du Sénat, qui lui tendait une enveloppe. Philippe la décacheta et parcourut des yeux une courte lettre. Il se pencha alors vers son collègue assis à sa droite et il lui demanda à voix basse:

— Ai-je la permission de quitter mon siège? Quelqu'un demande à me parler.

Le sénateur lui fit signe que oui, en lui disant:

— Saluez le président avant de quitter la Chambre.

— De mon fauteuil? murmura Philippe.

— Non, lui répondit son collègue. À la barre, derrière le Gentilhomme Huissier de la Verge noire. Le titre bizarre de cet officier, chargé de maintenir l'ordre et d'établir des liaisons avec la Chambre des Communes, le fit sourire, mais il se conforma aux usages sénatoriaux. Une fois hors du Sénat, il fut étonné de trouver dans le grand hall d'honneur Véronique Moreau, qui l'attendait en souriant.

— Que faites-vous ici? demanda le sénateur Granvert.

— Je suis venue rapidement, avec le consentement du ministre des Affaires étrangères, vous présenter mon C.V. Je souhaite, si vous m'acceptez, devenir votre adjointe.

— Écoutez, Véronique, je ne sais même pas si j'ai un bureau ni où il se trouve.

— À l'édifice Victoria, en face du Parlement, fit-elle en tendant le bras vers la rue Wellington. Le greffier, à qui j'ai demandé la permission de vous rencontrer aujourd'hui, vient de me le confirmer. Avant la réception, vous irez le visiter avec les vôtres... Et si vous acceptez de me permettre de travailler avec vous, Philippe... pardon... sénateur Granvert, je vous guiderai. Au Sénat, une légende est véridique: personne n'aide personne à se reconnaître dans les méandres du Parlement.

— Dois-je consulter le leader du gouvernement, le président, le greffier? Je suis ignorant de toutes les procédures et de tous les usages, Véronique.

— Mais, lui dit-elle en souriant, moi, je les connais; donc, je vous serai utile.

– Alors, si votre nomination à mes côtés relève uniquement de moi, je serai heureux de travailler avec vous, Véronique. Mais, comme autrefois, vous travaillerez avec moi et non pour moi. N'oubliez pas cette nuance. Elle a été au point de départ de notre engagement diplomatique ; elle doit demeurer au centre de nos activités sénatoriales.

– Merci, sénateur, fit Véronique, tout à coup rayonnante.

Philippe se sentit à son tour soulagé de se savoir, pour l'instant, pris en charge par une jeune femme dont il connaissait les talents. Il retourna à son fauteuil pour attendre l'ajournement des travaux du Sénat, puis visiter son bureau et prendre part à la réception offerte en son honneur par la présidence. Mais le nouveau sénateur ne savait pas encore que son honneur était en jeu.

48

Élise et Philippe étaient un peu intimidés par la réception qui suivit leur visite au futur bureau du nouveau sénateur, à l'édifice Victoria. Les pièces étant vides, Philippe avait prié Véronique de les lui meubler, mais, avait-il dit sévèrement, «sans acheter rien de neuf». «Il doit y avoir dans le sous-sol de ce Parlement, avait-il précisé, de quoi meubler tous les immeubles du gouvernement.» Véronique le lui promit.

Vingt minutes plus tard, il entra chez le président pour être fêté par ses collègues dans la suite présidentielle. Trois pièces en enfilade, du meilleur goût, bien meublées, avec décoration haut de gamme. Ces réceptions étaient courues; «*free drinks, free food, free talks*», disaient quelques sénateurs en acceptant l'invitation du président de prendre part à ces festivités fort élégantes. Tout à sa joie de causer avec quelques ex-collègues du ministère des Affaires étrangères, Philippe demeurait insensible au visage durci du ministre Lemurest, qui regardait plus souvent autour de lui que vers Élise et Philippe, heureux et détendus. Puis, soudainement, en se rendant au fond du grand salon où se trouvait un bar et où des garçons en gants blancs servaient les invités, Philippe prit conscience du petit nombre de personnes se pressant autour du président et de Renaud Lemurest. Celui-ci se dirigea vers un téléphone dans le bureau du président et revint quelques secondes plus tard, la mine plus réjouie. Il glissa un mot à l'oreille de son hôte et se mêla à la cinquantaine d'invités qui buvaient et mangeaient, la plupart visiblement mal à l'aise. Environ quinze minutes plus tard, le chef de cabinet du Premier ministre entra, suivi du président du parti, et le président du Sénat demanda le silence.

– Honorables collègues, *dear colleagues*, dit-il, dans quelques minutes, pour une des rares fois de mon vécu de président du Sénat, nous aurons l'honneur d'une courte visite du Premier ministre et de Mme Lecarré. Ils désirent tous deux saluer le sénateur et Mme Granvert. Le général en chef et le ministre de la Défense les accompagneront. Le capitaine Granvert, qui nous arrive de Bosnie, sera heureux, je crois, de les saluer.

Un peu étonnés de l'honneur qui leur était fait, Élise, Philippe et Paul entourèrent le ministre Lemurest, à son tour fort heureux de la tournure des événements.

– Ça leur apprendra, dit-il à Philippe qui se demanda ce que sous-entendait cette remarque caustique du ministre.

Constatant la surprise des Granvert, Renaud dit alors:

– Je vous expliquerai durant le dîner, car Mathilde m'a dit que vous nous invitiez, une fois cette réception terminée, au Cercle universitaire. Nous serons plus à l'aise pour causer, dit-il en se rendant vers la porte d'entrée de la suite présidentielle pour accueillir le Premier ministre, son épouse et leurs compagnons.

L'arrivée du Premier ministre fut aussitôt suivie par celle d'autres sénateurs et de quelques députés de son parti. En moins de quinze minutes, trop d'invités se pressaient autour du bar et de la table chargée de hors-d'œuvres, et la plupart cherchaient le nouveau sénateur pour lui présenter leurs hommages. Philippe ne comprenait rien à cette soudaine affluence, mais, flatté de la présence du Premier ministre, il ne posa aucune question.

Une heure plus tard, ils étaient, tous les cinq, assis à une table bien en vue au Cercle universitaire. Philippe était heureux, car, pour une des rares fois de sa carrière, il était l'hôte de Lemurest, puisqu'il était membre du club.

— Vous avez été bien aimable de nous inviter en ce grand soir, dit alors Mathilde en lisant le menu.

— J'ai cru, durant les trente premières minutes chez le président, que nous ne serions pas nombreux à souhaiter bonne chance à mon sénateur de mari et à son frère, observa doucement Élise en regardant le ministre.

— Pourquoi si peu de sénateurs avant l'arrivée du Premier ministre, demanda le capitaine Granvert, et pourquoi tant de monde en plus du ministre de la Défense et du général en chef, ensuite?

Renaud regarda autour de lui. Leur table était placée hors de portée de voix des autres membres du club. Il se pencha vers les quatre invités et leur dit à voix basse:

— Écoutez-moi et ne poussez aucune exclamation. Philippe, vous êtes trop novice, si vous me passez l'expression, au Sénat pour comprendre que cette Chambre dite haute est assez basse en partisannerie. Depuis les débats autour de la loi sur la TPS, elle est devenue, selon mes fonctionnaires au ministère, un champ de bataille. Les partisans du Premier ministre ne côtoient pas les sénateurs de Jean Larouche, et vous les avez tous floués en choisissant de demeurer un sénateur indépendant. Ils n'allaient donc pas, ce soir, paraître à vos côtés. Je pouvais accepter l'absence des sénateurs de l'opposition mais non celle de ceux que notre Premier ministre a lui-même nommés au Sénat. J'ai donc demandé au président s'il s'opposerait à la présence de son grand ami le Premier ministre, et j'ai téléphoné à son chef de cabinet en lui expliquant brièvement la situation. Quinze minutes plus tard, pour une des rares fois dans l'histoire de ces réceptions officielles, vous avez été honorés tous les trois par la présence du Premier ministre. Vous voilà donc, mon cher sénateur, un homme à la fois envié et redouté par tous vos collègues. Une fois rompu aux usages de vos nouvelles responsabilités, vous serez à même de juger qui sera sincère ou hypocrite avec vous.

– Si j'avais choisi de siéger parmi les sénateurs acquis à notre parti, seraient-ils tous venus ? demanda Philippe au ministre.

– Tous, peut-être pas, mais la plupart, oui. J'aimerais voir leurs têtes au moment où nous dînons ici. Ils doivent manger au *Parlementaire*, dans l'alcôve qui leur est réservée, en se disant: «Nous avons fait une belle gaffe.»

La soirée s'acheva gaiement, avec de l'excellent vin et un repas de la meilleure gastronomie. Seul Paul Granvert ne parlait guère.

Pourquoi ? se demandait son frère.

49

Paul arpentait nerveusement la salle d'attente devant le bureau du ministre de la Défense. Brendan Channing l'avait convoqué la veille chez le président du Sénat, pour onze heures ce jeudi matin. «Que me veut-il?», se demandait l'officier. Une secrétaire vint le trouver.

– *Minister Channing will receive you, Captain.*

Paul entra dans le bureau du ministre, le salua militairement et demeura au garde-à-vous.

– *Sit down, Captain*, fit le ministre.

Paul hésita un moment, enleva son béret et prit place devant la table de travail du ministre. Il remarqua sur le mur une grande carte de la Bosnie-Herzégovine. Quatre petits drapeaux canadiens étaient plantés à des endroits familiers à sa mémoire. «Que me veut-il? se demanda-t-il avec angoisse. Ai-je mal servi l'ONU?»

Le ministre le regarda, appuya sur une touche de son téléphone et dit en français:

– Pauline, aucun téléphone, aucun messager. Je veux la paix durant tout le temps que le capitaine Granvert demeurera avec moi.

Il déposa le combiné et, se renversant dans son fauteuil, il posa devant lui un bloc de papier rayé jaune et dit:

— Parlez-moi, mon capitaine. Racontez-moi, sans me cacher la vérité même si elle doit être pénible à entendre et surtout à exprimer.

— Vous raconter quoi, monsieur le ministre? rétorqua assez vivement Paul.

— Ce que le ministre de la Défense ne peut ni comprendre ni apprendre depuis ce bureau. Je me sens coupable de ne pas me rendre où nos hommes sont en mission, mais le Premier ministre a besoin de moi et du ministre Lemurest à Ottawa. Certes, j'ai des entretiens avec mes homologues internationaux, dont les Casques bleus servent...

— Servent quoi et qui, monsieur? demanda sans égard le capitaine Granvert.

— À protéger la paix en Bosnie, *Captain*, lança le ministre, visiblement agacé par la question.

— Nous protégeons la mort, monsieur le ministre. Nous, Casques bleus, soldats de carrière pour la plupart, sommes impuissants quand des femmes hurlent devant les obus qui tombent à Sarajevo ou sont violées sous nos yeux, et quand des enfants blessés ne savent même plus pleurer de peur ou de douleur. Nous avons des armes, et certains de nous ont été sur le point de les employer contre eux-mêmes tant ils étaient désespérés par notre absurde neutralité.

Le ministre regarda Paul longuement et lui dit en anglais:

– You are telling me exactly what I wanted to hear, to learn, to understand.

– Pourquoi ne visitez-vous pas les champs de torture ? Nous, soldats, nous demandons parfois pourquoi le chef des forces de l'ONU ne prend pas les décisions lui-même et sur le front, avec les déportés, les réfugiés qui ne trouvent asile nulle part, car les pays avoisinant la Bosnie sont surpeuplés et leurs habitants crèvent de faim. Quand je suis chargé de faire circuler les camions de nourriture en provenance des pays riches et où règne la paix sociale, j'ai honte. Mes propres compatriotes se déchirent entre eux parce qu'ils ont trop de paix et qu'ils ne savent pas quoi en faire, excusez-moi de vous le dire. Ont-ils une toute petite idée du visage tourmenté d'une femme violée au nom de la race, de ces hommes torturés et tués en se rendant au travail ? Quand nous reviendrons dans nos pays d'origine, monsieur le ministre, nous, Casques bleus qui avons servi de force de dissuasion sans dissuader qui que ce soit de s'entre-tuer, serons devenus exigeants pour nos gouvernants et nos militaires qui jouent à la guerre, ici, pour meubler leurs loisirs.

– *I understand*, dit le ministre pensivement. Sommes-nous utiles, Paul, quelque part ?

– Oui, parce que mes frères d'armes ne sont pas soupçonnés de vengeance ou de revendications territoriales. Nous sommes tous des prêtres de la paix qui n'avons pas d'églises dans lesquelles nous ressourcer. Je suis trop fatigué pour être fatigué physiquement, monsieur le ministre. J'ai besoin de voir des enfants rire. Tenez, dit-il tout à coup en se levant, j'ai traversé un parc pour venir ici aujourd'hui, et j'ai quasiment pleuré en voyant des enfants jouer, rire, s'amuser sans un seul instant avoir le réflexe de lever la tête pour savoir si un franc-tireur les guettait, si un avion les survolait. Et c'est en les voyant, monsieur le ministre, que je me suis décidé à reprendre mon poste là-bas. Ici, je crèverais de rage...

Le ministre le regardait, à son tour ému, attentif au point de ne prendre aucune note, ce qui soulageait la crainte de Paul de se voir cité devant ses supérieurs en Bosnie. Devant l'intérêt du ministre Channing pour ses propos, il se laissa aller à raconter en détail certaines atrocités dont il avait été le témoin muet, incapable de défendre les personnes attaquées.

Lorsque enfin il se tut, le ministre lui dit doucement:

– *Captain Granvert, you are a first class officer. I am honored by your trust in me. I shall call on you in Bosnia when, or if, should I say, the Prime Minister orders me to go...*

Paul salua, serra la main que le ministre lui tendait, puis quitta rapidement le ministère de la Défense. Il était épuisé, ayant pour la première fois depuis des années exprimé sa rancœur et son amertume, son incommensurable mépris pour tant de pays qui pensaient que des sacs de farine pouvaient nourrir la faim de paix de centaines de milliers de femmes, d'enfants et d'hommes qui tous mouraient sans jamais savoir pourquoi.

50

Son havresac posé près de la porte, Paul sirotait une tasse de café avec Élise et Philippe dans leur condo.

— Si seulement, lui dit le nouveau sénateur, tu pouvais demeurer ici un peu plus longtemps. Je n'ai pas ton courage, et le simple fait de siéger au Sénat, au sein duquel je ne connais personne, me fout le trac.

— Je dois partir ce soir, car j'ai appris, en quittant le ministre Channing hier après-midi, que cinquante autres Casques bleus seraient dans l'avion. Ils sont sous mon commandement, dit Paul. Nous avons la mission de seconder nos frères d'armes et de protéger les frontières de Sarajevo.

Tout à coup, Élise se leva, alla chercher un livre dans la chambre à coucher et le tendit à Paul. C'était *Le Journal de Zlata*.

— Avez-vous lu le récit de cette adolescente bosniaque?

— Oui, mais je l'ai surtout vécu, Élise. Cette enfant est une héroïne là-bas. Son cri a fait le tour du monde.

— Alors, écoutez-moi. Et toi, Philippe, surtout ne m'interrompt pas. Toute notre vie, nous avons été les seconds d'un ambassadeur, récemment d'un ministre. Et moi je fus la troisième en importance dans ta carrière. Je ne te le reproche pas, Philippe, s'empressa-t-elle d'ajouter, notant qu'il allait protester. J'étais heureuse dans tous les pays où nous avons servi. L'entente amicale et confiante entre Mathilde et moi m'a beaucoup aidée. Mais toujours je sentais un vide dans ma vie. Le temps est venu pour moi de le combler, Philippe. À partir de maintenant, tu seras au Sénat, occupé à remplir des responsabilités que bien évidemment je ne pourrai pas partager. À titre d'épouse de sénateur, je ne pourrai pas non plus m'engager ouvertement avec Mathilde pour remplir son mandat de relier les femmes du monde entre elles. Donc, je me retrouverai bien seule dans une ville que je déteste tant tout y est superficiel, mais dont je sais l'importance pour toi. Je ne suis pas encore ancrée dans la vieillesse. Je me sens pleine d'énergie. Alors, j'ai décidé, après la lecture de ce journal de souffrances rédigé par une petite fille qui, dans nos rues, jouerait et se rendrait à son école sans mettre sa vie en danger, que je voulais avoir un enfant...

– Tu es malade! fit Philippe. Si tu te sens jeune, moi, je ne me sens pas une âme ni surtout, osa-t-il en souriant, un corps de père.

Élise se leva et affronta les deux hommes, ébahis par son aveu.

– Je n'ai pas dit que je voulais devenir enceinte. À quarante-huit ans, ce serait ridicule. Mais je veux adopter une petite fille, entre dix et douze ans, et je vous confie, Paul, la mission de me la trouver dans ce pays où les enfants meurent parce que leurs aînés ne savent plus les protéger.

Paul la regarda, se leva et répondit:

— Si Philippe le permet, je vous aiderai, Élise. Plus de nos compatriotes devraient vous imiter.

— Si Philippe ne le permet pas, rétorqua brusquement Élise, je le quitte. Je veux élever une petite fille, lui donner notre nom, notre nationalité en guise de réparation pour tout ce que ces enfants, orphelins de l'horreur, ont vécu.

— Pourquoi ne pas m'avoir parlé de ton désir avant ce matin, Élise? demanda Philippe. Nous ne nous cachons rien, tous les deux.

Élise le regarda gravement.

— Nous ne nous cachons rien, mais nous nous taisons la plupart du temps sur l'essentiel de notre existence de mari et femme. Pour une fois, Philippe, oui, pour une fois, c'est moi qui prends une décision, sur laquelle je ne reviendrai pas, dussé-je te perdre. Ne t'y oppose pas.

Philippe se leva, marcha vers sa femme et la prit contre lui.

— Non, Élise, je ne m'y opposerai pas. Je suis plus bouleversé que contrarié par ta décision, et moi aussi, dans le fond, je languis de voir un enfant, garçon ou fille, entre nous. Alors, Paul, nous te confions tous les deux, et je te le répète, tous les deux, cette mission d'amour.

— Je ne pourrai sans doute pas dénicher votre future petite fille en arrivant à Sarajevo, mais je sais où logent dans la ville assiégée tant d'orphelins. Faites-moi confiance.

Ils continuèrent leur conversation jusqu'à midi, heure à laquelle Paul devait les quitter.

Une fois la porte fermée sur lui, Élise se tourna vers Philippe et lui dit, au bord des larmes :

– Voilà le plus beau cadeau que j'aie reçu de toi depuis le jour de notre mariage. Je t'aime, Philippe, ne l'oublie jamais...

51

Les cinquante Casques bleus causaient bruyamment dans la carlingue du Hercule qui les conduisait en Bosnie. Ils étaient joyeux, plusieurs masquant derrière de nombreuses bouteilles de bière la peur de ce qui les attendait. Paul Granvert partageait leur joie d'être ensemble – les mots «frères d'armes» trouvaient subitement toute leur signification – et leurs inquiétudes. Tout à coup, la voix forte du pilote interrompit leurs libations.

– Excusez-moi, messieurs, mais je suis chargé par le général en chef de notre armée, qui est assis derrière le rideau qui vous sépare de ma cabine, de demander au capitaine Paul Granvert de venir le trouver.

Il se fit un silence, et tous les visages se tournèrent vers leur capitaine qui, tout en replaçant son uniforme et en posant le célèbre béret bleu sur sa tête, se dirigeait rapidement vers le rideau qui séparait les hommes des pilotes et du général. Paul était soucieux. Il disparut à la vue de ses compagnons. Les conversations reprirent dans la carlingue, mais sur un ton plus bas. Lorsque Paul eut refermé le rideau derrière lui, il s'immobilisa, le souffle coupé.

Assis à côté du général Mullin, Mathilde et Renaud Lemurest lui souriaient.

– Mais, osa dire Paul, je ne vous savais pas à bord...

– Pas plus que nous ne savions hier soir que le Premier ministre souhaitait ma présence auprès de notre général.

Automatiquement, Paul salua celui-ci et se mit au garde-à-vous.

– *Relax, Captain*, fit le plus haut gradé du pays. Le ministre vous expliquera la raison de sa présence à bord.

Lemurest lui fit signe de prendre place à côté de lui, quatre sièges se faisant face.

– Le Premier ministre a été mis au courant de votre franche conversation avec le ministre de la Défense et il nous a demandé d'accompagner nos nouveaux Casques bleus à Sarajevo. Mathilde l'a, en quelque sorte, forcé à la laisser venir avec moi, et j'en suis heureux. Elle a eu raison de ne pas s'imposer à la mission des Canadiennes à Beijing, mais cette fois...

– Cette fois, j'ai décidé d'accompagner Renaud, car tel fut le mandat confié par le Premier ministre Lecarré.

Paul la regarda intensément; il ne la connaissait que par leur dîner au Cercle universitaire le soir de l'entrée de son frère au Sénat, mais il se sentait en confiance avec elle.

– Madame, je ne vous savais pas à bord, mais votre présence me rassure.

Le général, qui l'écoutait en silence, fut aussi étonné que Renaud et Mathilde par cette réflexion.

– Mon général, voulez-vous me permettre de parler ouvertement devant vous ? J'ai une mission qui me fut confiée par Élise Granvert, ma belle-sœur, et je suis certain que Mme Lemurest saura m'aider à la remplir.

Et, sans attendre la réponse de son entourage, il leur fit part de la volonté d'Élise d'adopter une petite orpheline de dix à douze ans, native de Sarajevo.

Pour son plus grand plaisir, le souhait d'Élise, accepté par le sénateur Granvert, fit l'admiration de ses compagnons de vol. Ils causèrent de longues heures, durant lesquelles Paul se sut non pas épié mais surveillé par le général Mullin. Et il se demanda pourquoi.

52

Cinq jours plus tard, épuisés moralement et physiquement, Mathilde et Renaud Lemurest s'envolaient
pour la France dans l'avion militaire qui les avait menés
en Bosnie. Renaud devait prononcer, le lendemain midi,
une causerie devant les membres du Cercle Inter-Allié,
l'un des plus prestigieux clubs littéraires et politiques de
Paris. Se retrouver tous les deux dans la capitale française
leur était une joie. Leur séjour à l'ambassade du Canada
en France demeurait dans leurs mémoires un honneur et
une source de culture dont tous les deux s'étaient profondément enrichis. Mais Renaud refusa tout de go l'invitation de séjour de l'ambassadeur Rouleau du Canada, à
qui il ne voulait rien devoir, sachant qu'il allait au retour
suggérer au Premier ministre de le muter à un poste
moins prestigieux. Mathilde avait elle aussi préféré retourner à l'hôtel Saint James et Albany, rue de Rivoli, sis
au cœur du Paris dont ils étaient tous deux demeurés
épris. Mais Renaud n'était pas sans remarquer le silence
de Mathilde, souvent perdue dans ses pensées. Elle se
tenait hors des conversations. Renaud devinait que son
épouse était aux prises avec un malaise intérieur et il la
connaissait assez pour ne pas l'interroger. Il fut cepen-

dant agréablement surpris de l'entendre lui dire que, oui, elle l'accompagnerait au Cercle afin d'assister à sa causerie. Et elle ajouta:

— Nous retrouverons sûrement des amis d'autrefois. J'en ai si peu à Ottawa que je me sens le besoin de causer librement avec des femmes de ma génération. Je veux leur parler de ce que nous venons de vivre à Sarajevo. Ce ne sont pas toutes les Françaises, pas plus que toutes mes compatriotes, et, soupira-t-elle, je suis payée pour le savoir, qui s'intéressent au sort des femmes dans le monde. J'ai hâte de savoir ce qu'elles ont pensé de la réunion de milliers d'entre nous à Beijing.

— Regrettes-tu de ne pas avoir voulu t'y rendre?

— Non, répondit-elle. Parler de femmes libérées dans un pays qui les torture si leur deuxième enfant est une fille et qui les oblige à un avortement me donne mal au cœur dans tous les sens de l'expression.

Lorsqu'ils arrivèrent à leur hôtel, ils furent étonnés, ravis même, d'y trouver Élise et Philippe qui les attendaient.

— Le Premier ministre m'a demandé de revenir ici avec vous deux et le leader du Sénat y a consenti.

— D'autant plus facilement, ajouta Élise en riant, que tu sièges comme indépendant. Certes, la presse, qui ne rate pas une occasion de critiquer le Sénat, y est allée de quelques commentaires acerbes concernant le quatuor Lemurest-Granvert, mais...

— Mais si le Premier ministre vous a demandé de nous accompagner à Paris, tant pis pour tout le monde, sauf pour Mathilde et moi, répliqua Renaud. Vous savez,

Philippe, autant je me réjouis pour vous et Élise de la sécurité financière et politique découlant de votre accession au Sénat, autant je m'ennuie de vos conseils et de votre amitié. Moi aussi, je suis seul à Ottawa. Mes collègues masculins et féminins ne me pardonnent pas nos belles années dans la diplomatie. Et, comme Mathilde, je serai heureux à Paris de me retremper dans un climat de haute courtoisie. Comme ministre des Affaires étrangères, j'apprendrai des choses que le diplomate n'aurait pas sues.

— Mais, monsieur le ministre, vous apprendrez le Canada contemporain à ceux qui nous voient en Maria Chapdelaine cuisinant sa soupe aux pois dans sa cabane au Canada. Hélas, ce cliché existe toujours en France et ailleurs.

— Élise, intervint alors Mathilde, je veux vous parler. Allons dans votre chambre. Nos maris ont sans doute des tas de choses à se dire...

*   *   *

— Alors? fit Élise quelques secondes plus tard.

— Paul connaissait à Sarajevo une petite fille. Elle est orpheline, a été blessée par un franc-tireur et ses parents ont été tués sous ses yeux. Elle est belle, et en santé malgré ses blessures aux jambes, et elle parle fort bien le français. Paul m'a menée à son orphelinat, et j'ai été séduite par sa si triste beauté.

— Mais les autres blessures, celles qui ont dû lui briser le cœur? Saurai-je lui parler? Je connais sa langue et Philippe aussi, mais serai-je en mesure de trouver les bons mots pour guérir sa mémoire?

— Alors là, Élise, ce sera à vous de la bercer, de la choyer, si Renaud réussit à la faire venir dans une quinzaine de jours. Il a mis tout son poids de ministre canadien dans la balance et les autorités bosniaques, sans doute heureuses d'avoir une bouche de moins à nourrir, lui ont donné l'assurance que, si les autres membres de sa famille acceptent son départ, la petite Boba arrivera avec Paul, qui, de ce fait, a obtenu la permission de la ramener lui-même au pays, pour ne pas ajouter à ses traumatismes. Comme elle le connaît déjà, le voyage sera plus facile pour cette petite fille. Mais il y a plus, Élise, et Renaud ignore ce qui me bouleverse en ce moment.

— Vous voulez adopter une enfant, vous aussi?

— Je le souhaiterais, Élise, mais je sais que l'existence que nous menons ne se prête pas à élever une enfant qui se retrouvera forcément sous la tutelle d'une gouvernante. Je ne serai pas à la maison souvent, mais... Écoutez-moi, Élise, et ensuite vous me donnerez votre opinion.

53

Dans la suite du ministre, les deux hommes causaient plus familièrement et amicalement qu'ils ne l'avaient fait au temps de leur carrière diplomatique. «Devenir sénateur, ça donne du poids», se disait intérieurement Philippe, sans cependant outrepasser les limites de la camaraderie entre Renaud et lui. Il savait, lui aussi, jusqu'où ne pas aller trop loin.

Le lendemain à treize heures, le Tout-Paris diplomatique et politique se retrouvait au Cercle Inter-Allié. À l'aise, Mathilde et Renaud avaient retrouvé plusieurs connaissances. Les journalistes de la télévision et de la presse écrite avaient reconnu «l'épouse de l'ex-ambassadeur Lemurest», et, à cause de sa prestation à France 2, ils l'entouraient et l'interrogeaient. «Ma foi, songeait Renaud, ma femme est plus populaire que moi ici.»

Une heure plus tard, il se levait pour prendre la parole, et il fut étonné par la chaleur de l'accueil des invités. L'ambassadeur Rouleau, peu connu des membres du Cercle, se leva pour présenter le ministre Lemurest, et il le fit avec une grâce et une amabilité qui étonnèrent les Granvert, tandis que Renaud se disait, en l'écoutant:

«L'homme a pris du coffre, de l'allure. Qui l'a ainsi transformé?»

Et ce fut à son tour de prendre la parole. Il rappela d'abord son récent séjour en Bosnie, vanta à ses hôtes le courage des Casques bleus français et canadiens, souhaita poliment, mais fermement, que le président de la France mette fin aux essais nucléaires, et parla ensuite non pas de politique mais de culture et de nationalité. À la fin de son discours, une journaliste connue et respectée des auditoires des chaînes de télévision françaises se leva et demanda la permission de poser une question au conférencier. Celui-ci accepta volontiers, ne se doutant pas un instant de ce qui allait suivre.

– Monsieur le ministre, je reviens d'un séjour de dix jours au Québec, et j'ai également visité plusieurs provinces anglophones du Canada. Je suis étonnée de réaliser, comme d'ailleurs plusieurs de vos compatriotes francophones du Québec qui souhaitent la sécession me l'ont confié, que vous ne parlez jamais de cette grave crise qui secoue le Canada. Vous êtes né au Québec, et votre épouse aussi. Alors pourquoi, chez vous comme ici aujourd'hui, ne parlez-vous jamais du danger d'éclatement qui menace votre pays?

Elle se rassit sans regarder autour d'elle, sachant fort bien que sa question était embarrassante pour le ministre canadien et fort gênante pour ceux et celles qui le recevaient. Renaud Lemurest demeura calme et, avec une fermeté qui ne souffrait aucune réplique, il répondit:

– Madame, le Premier ministre du Canada, le très honorable Alain Lecarré, m'a nommé ministre des Affaires étrangères parce que j'avais séjourné dans plusieurs pays durant ma mission diplomatique et qu'il cherchait un homme qui connaissait la géographie politique et humaine du monde, pour le seconder dans ses efforts pour relier le Canada aux pays libres. Je ne suis pas ministre des Affaires intérieures de mon pays, madame. Si je l'étais, soyez assurée que je parlerais avec fierté du Québec. Or, ma province étant toujours unie au Canada, ses aspirations concernent le ministre des Affaires intérieures, qui chez nous se nomme ministre des Affaires constitutionnelles. Chacun son métier, madame. Merci.

Les applaudissements éclatèrent parmi les invités, soulagés de constater que leur conférencier n'avait pas été choqué par une question qui n'avait pas sa place durant ce déjeuner très officiel. Les journalistes, un peu humiliés par l'outrecuidance de leur consœur, quittèrent rapidement le Cercle Inter-Allié. L'un d'eux pourtant y demeura, celui-là même qui avait, aux informations télévisées de France 2, interrogé Mathilde Lemurest. Il était encore sous son charme et souhaitait lui demander une entrevue. Il invita donc le ministre des Affaires étrangères du Canada et son épouse à son émission. Ce que tous les deux acceptèrent avec plaisir.

54

Une fois terminée l'entrevue télévisée, les Lemurest retournèrent à leur hôtel. Ils étaient heureux, sachant que tous deux avaient bien représenté leur pays. Une fois de plus, Renaud avait expliqué son obligatoire retrait du dossier Canada-Québec.

– J'attendais cette question depuis mon entrée en Chambre, confia-t-il à Mathilde en s'allongeant sur un des deux lits de leur suite.

– J'ai été stupéfaite de t'entendre répondre aussi rapidement et aussi brillamment à ce journaliste.

– Je n'ai aucun mérite, ma chérie. Mes conseillers m'avaient briefé sur cette affaire en me disant de répondre une fois mais de ne pas revenir sur ce sujet si explosif chez nous et si intrigant dans les autres pays. Encore que ceux qui s'intéressent au Canada soient plutôt rares. Tu sais, Mathilde, nous habitons un pays que nous aimons profondément; nous l'avons tous deux bien servi, mais force nous est de reconnaître que nous n'intéressons à peu près personne, sauf quand des régions sous-développées ont besoin de nos richesses humaines et naturelles.

Vivent le blé et les Casques bleus canadiens, et tant pis pour le pays !

— Parlant de Casques bleus, dit Mathilde, je me demande ce qui se passe à Sarajevo. Téléphone à Paul.

— Non, car si je mets trop de pression sur le gouvernement bosniaque, je risque de faire du tort à l'enfant que nos amis veulent adopter et je risque surtout de créer un incident politique chez nous. On m'accusera de favoritisme et ce sera vrai... Celui-là, ma chérie, nous nous en vanterons, toi et moi.

— Oui, et je vais maintenant oser te dire ce qu'Élise et moi projetons de faire lorsque nous serons de retour chez nous. Renaud, écoute-moi sans te braquer, sans discuter de notre projet. Car même si je devais passer outre à tes objections, nous le mènerons à bon terme, et je te jure que cette fois les pays européens et africains parleront du Canada, s'ils ont encore du cœur au ventre.

Renaud se leva, conscient de la gravité du ton de sa femme. Il lui tendit un verre de vin, s'en servit un et prit place dans une des deux chaises placées devant la grande fenêtre qui donnait sur la Seine.

— Je t'écoute, Mathilde, et je jure de ne pas t'interrompre.

Mathilde à son tour s'assit devant lui, ouvrit un dossier qui attendait sur la table entre eux, le posa sur ses genoux et commença à parler, lentement, sérieusement, posément, avec une assurance que Renaud ne lui connaissait guère.

— Ici, Renaud, les Français se vantent, et à juste titre, d'avoir été les créateurs de Médecins sans Frontières, qui font l'admiration du monde entier. Mais, en réalité, qui fut le premier de ces médecins?

– Bernard Kouchner?

– En France, oui, mais dans les faits? Un Canadien.

– Qui? demanda Renaud en posant son verre sur la table.

– Norman Bethune, ce Montréalais anglophone qui abandonna son pays, l'université, ses clients, sa famille pour gagner la Chine et soigner les blessés de la Longue Marche de Mao.

– Mais où veux-tu en venir? Oui, Bethune fut sans doute le premier «médecin sans frontières», mais autant il fut adoré en Chine, autant il fut conspué chez nous.

– Je sais tout cela. Mais si notre pays créait un autre organisme de ce type...? Écoute-moi, Renaud. Ne dis rien, car si tu devais ne pas prendre au sérieux ce que je te confie, je retournerai ce soir chez nous, pour parler au Premier ministre et surtout à Céline.

– Je me tais... Mais toi, parle, car je suis curieux maintenant.

– Élise et moi avons décidé de mettre un peu de notre argent personnel au service d'un nouvel organisme, Enfants sans Frontières, et l'enfant qui sera celui des Granvert bientôt deviendra le symbole de cette fraternité internationale mise sur pied pour venir en aide à tous ces orphelins qui courent les rues faute d'endroit où dormir, où manger, et faute de quelqu'un sur qui compter...

Renaud ne disait rien; il était ému, voire bouleversé, et, sans oser informer Mathilde de sa réaction, il songeait à l'impact politique de cet organisme sur le pays.

– Je ne suis pas sans réaliser, Renaud, que je suis plus populaire en France et sans doute dans d'autres pays que chez nous, à cause du mandat qui m'a été confié de rallier les femmes du monde. Je suis ta femme, chéri, et je suis si fière de toi même si nous nous disputons plus souvent depuis que tu es ministre que nous ne le faisions au temps si heureux de ta carrière diplomatique. Mais j'ai compris que tous nos compatriotes critiquent les épouses des ministres, des députés, et même celle du Premier ministre, si elles occupent leur solitude à des initiatives qui touchent de près la politique. Nous sommes les déçues des milieux politiques, car si nous osons y pénétrer, nous sommes vouées aux enfers, et si nous nous contentons de vivre une existence sociale et un peu trop mondaine, nous sommes durement critiquées...

– Alors ? fit Renaud, un peu impatiemment.

– Si Élise et moi, pour commencer, investissons une somme assez modeste dans notre organisme, nous nous éloignerons de votre chère politique pour faire la nôtre, mais sur un plan humanitaire. Élise accepte d'investir l'argent qu'elle a péniblement mis de côté, et moi qui suis un peu plus à l'aise financièrement à cause de toi et surtout de mes parents, j'en ferai autant. Et si notre projet est bien accepté chez nous...

– Il le sera, dit alors Renaud en se levant pour prendre Mathilde contre lui. Il le sera... et tu peux dès aujourd'hui compter sur ma participation financière, politique et amoureuse, mon amour de Mathilde... Je suis si fier de ce que tu me dis, et vraiment ému...

Le téléphone sonna. Mathilde mit le combiné contre son oreille.

– Déjà? Merveilleux, Élise... Mais non, ne pleurez pas. Renaud est fier de notre projet et votre petite fille sera heureuse un jour de comprendre ce que d'autres enfants lui devront. Oui, nous vous accompagnerons à Orly. Quand? Demain matin? Soit. Et attendez, Élise, je vous passe Renaud. Il trépigne de curiosité.

Renaud prit le combiné. Après avoir dit quelques mots à Élise, il parla à Philippe.

– Philippe, je suis heureux pour vous deux... Oui, nous partirons pour le Canada dans cet avion militaire. Ainsi, nous éviterons les critiques, et la petite fille, avec Paul à ses côtés, sera plus rassurée. Oui, Philippe, nous dînerons ensemble, mais ici dans notre suite. Je ne voudrais pas que nos émotions fassent les manchettes et il nous faudra, à tous les quatre, avec l'aide de mon attachée de presse, inventer une stratégie. Oui, Philippe, Mathilde m'a fait part du projet d'Enfants sans Frontières, et jamais je n'ai été si fier de nos épouses. Elles nous dédouanent politiquement, et elles soulageront tant de misères chez des enfants qui méritent des joies. Dans une heure, ici, oui. Au revoir.

Il se retourna vers Mathilde et lui dit, avec une tendresse mêlée d'émotion:

– Une heure, c'est si peu pour te dire que je t'aime, mais prenons-la, Mathilde. Je veux te sentir soudée à moi... Mathilde, je suis fier d'être ton mari. Allons au lit.

55

Ils furent tous les quatre, Renaud et Mathilde, Philippe et Élise, entourés des délicatesses empressées de Sylvie Lecornet, l'attachée de presse de Renaud Lemurest, qui avait pris le temps d'acheter à Orly des gâteries pour Boba, afin de faire connaissance avec la petite fille qui déjà leur mangeait le cœur. D'instinct, ils l'avaient adoptée. Mais l'enfant ne quittait pas Paul dans l'avion. Elle ne souriait pas, ne riait pas, mais paraissait calme, et l'usage du français, qu'elle maniait avec les hésitations d'une fillette de douze ans, rendait quand même les conversations plus faciles entre elle et les adultes, qu'accompagnaient également une dizaine de Casques bleus en congé pour dix jours au pays.

– Tout se passera très bien une fois que vous serez rendus chez vous, Élise, dit Mathilde, constatant la nervosité de son amie. Plus nous serons calmes, souriants, mais sans la bousculer ni la forcer à s'exprimer, plus Boba se détendra et plus elle voudra vous connaître. Paul adore cette petite fille. Il a dit à Renaud: «Elle est dotée d'une maturité douloureuse mais très profonde pour son âge. Elle se sait entourée d'amis, et elle est donc rassurée sur son sort, puisque nos soldats lui sont familiers. Mais il vous faudra beaucoup de douceur et de tendresse pour l'apprivoiser, lui faire oublier la mort, sous ses yeux, de sa mère et de son père.»

Au moment où Paul, l'ayant prise dans ses bras, la ramenait à leurs sièges, la voix du pilote retentit:

— Attachez vos ceintures. Nous atterrissons dans dix minutes.

Paul boucla la ceinture de Boba et la sienne, et il lui expliqua ce qui les attendait. Comme tous les enfants fascinés par la vue de la Terre et des nuages qui l'entouraient, Boba regardait à travers le hublot et elle se tournait vers Paul en lui disant doucement:

— Canada? Canada?

— Oui, Boba, ton nouveau pays. Tu seras heureuse chez nous, je te le promets.

Aussitôt que leur avion se fut immobilisé sur la piste, Paul vit arriver une immense limousine blanche aux vitres noires. Il se tourna vers Sylvie et demanda:

— Pourquoi cette horreur de voiture?

— Pour éviter les regards indiscrets sur le ministre et le nouveau sénateur, capitaine. M. Lemurest ne veut surtout pas que la presse soit mise au courant de cette adoption favorisée par son intervention et celle du ministre de la Défense auprès des autorités bosniaques. De plus, il souhaite informer le Premier ministre de ses demandes et de la façon dont les événements se sont déroulés concernant Boba. Il suffirait de si peu, mon capitaine, poursuivit-elle en souriant, pour que Boba soit assaillie par les journalistes, ce qui, je crois, la terroriserait. Voilà donc la raison de cette limousine un peu hideuse et trop luxueuse, mais assez vaste pour que nous y prenions tous place. Il y a un téléviseur à l'intérieur, et un film pour Boba nous attend dans le magnétoscope. Nous faisons de notre mieux, monsieur le capitaine, car tous, comme vous et les futurs parents de cette exquise petite fille, nous sommes inquiets pour elle.

– Regardez-la, fit alors Paul. Elle a déjà perdu son visage triste. Un vrai miracle. Mon frère paraît également soulagé. Donc, je crois que tout ira pour le mieux pour elle, une fois qu'elle se sera acclimatée à sa nouvelle maison et qu'elle sera entourée de gens qui l'aiment. Il me semble qu'elle le sent déjà...

Lorsque la passerelle eut été accrochée à la porte du Hercule, les soldats descendirent et se rangèrent de chaque côté des marches sur lesquelles s'engagèrent à leur tour les Lemurest, les Granvert, Sylvie et Paul, qui tenait Boba par la main. Chaque soldat la salua, mais avec quelque chose de plus tendre que la raideur militaire obligatoire, et le dernier, la regardant, s'agenouilla devant elle et posa sur sa tête blonde son béret bleu. Le geste avait quelque chose de si irréel et de si touchant que tous, soldats et civils, eurent les larmes aux yeux. Boba toucha le béret, entoura le soldat de ses bras, posa un baiser sur sa joue et, pour la première fois, sourit. Avec Paul, elle marcha vers la limousine. Renaud et Mathilde étaient eux aussi bouleversés par la vue de cette petite fille coiffée de ce béret célèbre partout dans le monde. Sur sa tête, il constituait un symbole extraordinaire.

Dans la voiture, Boba paraissait heureuse, mais sans la joie éclatante d'une enfant qui n'aurait pas vécu les horreurs dont elle avait été témoin à Sarajevo. Le film qui se déroulait sur l'écran du téléviseur l'intéressait moins que les paysages qui défilaient dans la fenêtre de la limousine. Paul la tenait sur ses genoux et ne disait rien. Personne n'osait parler, tant l'émotion étreignait le cœur de chacun.

Renaud dit alors, à voix basse:

— Mathilde, regarde-la. Voilà le symbole de ton merveilleux projet d'Enfants sans Frontières. Cette tête ainsi coiffée, c'est un idéal de fraternité, de solidarité humaine et internationale. En photo, elle sera admirable. Voilà, ma chérie, ton chef-d'œuvre. Élise et toi aurez réussi à faire plus pour la réputation de notre pays que tous les membres du cabinet réunis. Moi y compris...

56

Véronique avait bien pressenti les difficultés qu'elle aurait à faire peinturer les murs et le plafond du bureau du sénateur Granvert, pour ensuite le meubler. Les ouvriers du Sénat étaient débordés, et il lui fallut plus d'un mois pour s'acquitter de ses responsabilités. Chez Élise et Philippe, Boba prenait tout leur temps et ils le donnaient généreusement à cette petite fille que tous les jours ils voyaient grandir en joie de vivre sous leurs yeux. Boba était cependant un peu trop silencieuse pour qu'ils soient rassurés sur ses états d'âme, mais ni Élise ni Philippe ne s'inquiétaient outre mesure de son calme, pour ne pas dire de son mutisme.

Mathilde avait confié à son amie Céline Lecarré le soin de prévenir son mari de sa décision de créer l'organisme Enfants sans Frontières, donc de ne plus s'immiscer dans les politiques de la ministre de la Condition féminine, ce qui en somme rassurait le Premier ministre et Pat McBride. Elle venait donc tous les jours discuter avec Élise, ce qui lui permettait de mieux connaître Boba.

– Elle paraît heureuse malgré son mutisme, disait Élise. Elle dort mieux que les premiers jours, mange raisonnablement bien, mais nous avons dû souvent fermer la télévision en constatant sa douleur durant des bulletins d'informations qui montraient des scènes de Sarajevo.

— Elle ne guérira pas si vite de ses traumatismes, Élise, avait répliqué Mathilde, mais comment ne pas vous féliciter de si bien la comprendre sans lui forcer la main ou plutôt le cœur? Sortez-vous avec elle?

— Oui, mais alors elle se colle à Philippe et insiste pour porter son béret bleu, comme si ce symbole la rassurait.

— Ce béret est le seul lien qui la relie à son passé. Mais, Élise, il faudra doucement mais fermement la convaincre de se laisser photographier avec son béret. Boba deviendra rapidement le symbole de notre organisme, mais nous devrons insister pour que sa photo la montre de profil, afin qu'elle puisse jouer, marcher dans les rues, aller à l'école un jour sans être reconnue par tout le monde. Boba peut servir notre cause, mais nous ne devons pas nous servir d'elle.

De son côté, Philippe hésitait à quitter la maison, tant la présence de Boba entre Élise et lui le remplissait d'un bonheur dont il n'avait pas prévu la qualité ni la chaleur au moment où il avait acquiescé à la demande de son épouse d'adopter une enfant. Mais, au fond de lui-même, l'inquiétude le rongeait. Il devinait instinctivement que le silence, la tranquillité, le calme apparent de Boba cachaient un chagrin si profond qu'il ne savait comment aider celle qu'il appelait «ma fille». Celle-ci s'accrochait à lui, sans doute, lui avait déclaré Élise, un peu jalouse de constater l'importance de Philippe dans l'existence de Boba, parce qu'il ressemblait à son frère jumeau et que celui-ci était le seul homme dont elle n'avait pas eu peur à Sarajevo.

– La plaie est encore béante, Philippe; nous devrons être patients. Tu es aussi sensible que moi au fait qu'elle retourne dans sa chambre dès que nous allumons la télé. Cela démontre son angoisse.

Moins d'une semaine après leur arrivée rue Dutil, Élise était allée avec Boba choisir des meubles jeunes, gais, pour sa chambre jusqu'alors dotée uniquement d'un pupitre, d'une étagère et d'un petit sofa. Mais Boba avait refusé tout net d'acheter des cadres, dessins ou photos, pour les suspendre sur ses murs. Élise se garda d'insister, la laissant libre de lui indiquer quel lit, quelle commode elle voulait. Boba lui souriait mais demeurait silencieuse. Elle indiquait de sa main les meubles qui lui plaisaient.

Le lendemain, dans le même magasin, une vendeuse qui la regardait attentivement lui demanda:

– *Kako se zodes?*

Boba s'immobilisa et répondit, la voix tremblante:

– Boba.

Et elle indiqua Élise du doigt en disant doucement:

– *Mama, mama...*

Élise dut dominer son émotion. Pour la première fois, Boba lui faisait confiance. Mais elle comprit également qu'il lui faudrait rapidement essayer de trouver au ministère de Renaud Lemurest une personne de la même nationalité que Boba pour aider celle-ci à sortir de son silence et surtout à meubler ses souvenirs afin de la préparer à fréquenter l'école.

À Philippe qui les attendait, elle raconta l'incident, et aussitôt il téléphona à Véronique pour lui demander son aide auprès des attachés du ministre. Ce soir-là, ils se couchèrent un peu plus rassurés. Élise ne cessait de répéter doucement: *«Mama, mama.»* À son tour, elle se sentait enfin adoptée par la fillette.

Le lendemain matin, des hurlements les éveillèrent. La porte de leur chambre s'ouvrit et une Boba presque hystérique se jeta dans leur lit en criant:

— *Snipers, snipers, snipers...*

Philippe se leva, marcha vers la fenêtre, et, revenant vers Boba, il la prit dans ses bras, mais la petite se débattait, criait, pleurait. Finalement, il réussit avec l'aide d'Élise à la maintenir solidement contre lui et il lui expliqua ce qui se passait dans la rue, en la forçant à regarder par la large fenêtre de leur chambre à coucher. Des hommes, et Boba les voyait, crevaient l'asphalte de la rue avec un marteau-piqueur qui en effet imitait le bruit d'une mitrailleuse. Petit à petit, Boba se calma, mais elle demeura collée contre Philippe. Celui-ci la berça, puis la ramena dans sa chambre malgré ses protestations.

— Je resterai près d'elle, Élise, jusqu'à ce que ces ouvriers terminent ce vacarme infernal...

Élise savait que le mutisme de Boba cachait une détresse dont elle avait ignoré la profondeur. Cette crise lui révéla la gravité du traumatisme de Boba. Mais comment la guérir de son passé?

57

Les semaines passèrent, trop rapidement pour Mathilde et Élise qui devaient rencontrer avocats, femmes, parents, pour la mise sur pied de l'organisme humanitaire Enfants sans Frontières.

Pour Renaud, les semaines se déroulaient en accentuant sa solitude. Alors qu'avant son voyage en Bosnie il était un ministre en vue, il se découvrait maintenant isolé au sein du gouvernement et du cabinet.

Si Mathilde et Céline Lecarré avaient resserré leur amitié réciproque, Renaud, mis à l'écart par le Premier ministre, ne parvenait pas à comprendre son isolement. Pourtant, il avait été félicité d'avoir facilité la venue de Boba Mujovic, et les Canadiens avaient été bouleversés lorsque, un mois plus tard, Mathilde, Élise et la petite fille, toujours coiffée de son béret bleu, avaient donné, dans la résidence de River Road, une conférence de presse pour annoncer la création d'Enfants sans Frontières. Les affiches montrant Boba de profil, son béret bleu sur ses cheveux blonds, avaient incité les habitants de toutes les provinces à faire une souscription pour venir en aide à l'organisme. Mathilde et Élise avaient toutes deux affirmé à la presse, donc à la population par l'entremise des médias, que cet organisme était privé, coupé de toute aide gouvernementale, afin que personne ne puisse l'associer à quelque partisannerie politique découlant de la fonction ministérielle de Renaud Lemurest et de la nomination de Philippe Granvert au Sénat du Canada. Mathilde avait expliqué à la presse son incapacité de s'acquitter du premier mandat que lui avait confié le Premier ministre concernant l'aide aux femmes du monde. Elle insista gentiment sur le fait qu'entre les élus et les déçus il n'y avait guère de place pour l'épouse d'un ministre, car, face à des initiatives qui ressemblaient ici à un favoritisme politique, elle ne parvenait pas à intéresser ses compatriotes à son mandat. Elle ajouta doucement que, dans les pays européens, de telles tâches étaient mieux acceptées, puisque certaines épouses des membres des différents gouvernements avaient le droit de solliciter le vote des citoyens pour des tâches au sein des municipalités.

Cependant, son organisme, découlant de l'adoption de Boba par les Granvert, ne laissait personne indifférent, et Renaud se disait: «Mathilde occupe toute la place dans les arènes politiques et moi je suis relégué dans les coulisses.» Il était si rare que, dans la vie politique, des hommes soient jaloux du succès des femmes que Renaud comprenait instinctivement que le silence était sa meilleure arme contre la jalousie qui le dévorait. Il décida donc d'accepter l'invitation de prendre la parole à l'Empire Club de Toronto, une tribune comptant parmi les plus prestigieuses du pays. Renaud était décidé à aborder de front un sujet qui le préoccupait, les relations entre le Canada et la Grande-Bretagne, et il pressentait qu'un tel sujet le plongerait dans une controverse qui le tirerait de son isolement mais risquait de compromettre son poste au sein du cabinet. «Je m'en fous, se disait-il. Je commence à détester cette fausse vie, ces mensonges, ces précautions indispensables à l'homme ou à la femme appelés à siéger au cabinet.» Il se garda d'en parler à son épouse, sachant qu'elle le mettrait en garde contre la critique qui accueillerait ses propos. De plus, ni Mathilde ni Élise n'avaient imaginé la somme de travail qu'elles devraient accomplir pour lancer leurs plans pour Enfants sans Frontières. En moins d'une semaine, elles étaient inondées de lettres avec chèques, de demandes de renseignements de la part de plusieurs ambassades sises à Ottawa et souhaitant publiquement venir en aide aux deux femmes.

À son tour, Renaud se trouvait seul à la maison, et petit à petit il comprenait un peu mieux la solitude amère dans laquelle il avait abandonné Mathilde au lendemain de leur installation dans leur nouvelle maison. Donc, sans l'informer de ses projets, il lui dit simplement qu'il partait pour Toronto prononcer une causerie devant un auditoire important et influent sur les plans politique, financier et social.

De son côté, Philippe avait pris possession de son bureau enfin élégamment meublé, et il commença, mais à reculons, ses activités de sénateur. Ne connaissant aucun de ses collègues et ne sachant comment se diriger dans les méandres du Parlement, il était souvent accompagné de Véronique qui lui indiquait où se trouvaient les différents endroits, comités, cafétéria, toilettes, vestiaires, et bibliothèque du Parlement, dont les admirables sculptures de bois, la clarté des lieux, la quantité de livres et surtout la courtoisie du personnel le plongèrent dans l'admiration.

Ce Parlement était de toute beauté. Le grand hall d'honneur, avec son immense colonne aux allures gothiques au centre, faisait l'émerveillement des touristes qui, tous les jours, accompagnés par des guides, admiraient comme lui la beauté de ce parquet sur lequel ils croisaient parfois des têtes connues, ministres, députés, visiteurs de marque. Philippe était ébloui par tout ce qu'il découvrait et il était fort heureux de se savoir membre de ce Parlement à titre de sénateur de Blanc-Mouton.

En ce premier jour de travail au Sénat, il invita Véronique à déjeuner au *Parlementaire*, mais, consciente des potins que soulèverait sa présence auprès de Philippe Granvert dans le restaurant le plus couru d'Ottawa, elle lui suggéra la cafétéria. Philippe profita de ce déjeuner pour lui demander si elle avait trouvé pour Boba une compagne un peu plus âgée, de nationalité bosniaque ou yougoslave, afin de laisser Élise vaquer à ses obligations de vice-présidente de l'organisme Enfants sans Frontières, et surtout pour permettre à leur petite fille de confier à cette compatriote ce qu'elle n'osait encore leur confier à eux. Il lui raconta la terreur et les cris de Boba le matin où des ouvriers avaient défoncé l'asphalte de leur rue, le bruit du marteau-piqueur ayant semblé à la fillette provenir de francs-tireurs.

– Je n'arrive pas à oublier la terreur qui se lisait sur son visage, et Élise et moi avons compris, à partir de cette scène si révélatrice de son dépaysement et de son malaise, qu'il nous faudrait quelqu'un de son pays pour la sortir, lui montrer Ottawa dans son visage le plus séduisant, dans ses parcs et ses jardins comme dans les endroits réservés aux jeux des enfants. Nous sommes gauches avec Boba, parce que tous deux nous avons peur de l'effrayer.

— Je crois connaître quelqu'un aux Affaires étrangères qui pourrait aider Boba. Je m'en charge, sénateur. Cette petite fille dont l'image est devenue le symbole de tant d'enfants orphelins et malheureux fait réfléchir tant de monde. Vous êtes un exemple, monsieur le sénateur, et votre épouse également.

Ils terminèrent leur déjeuner agréablement, et la cloche annonçant la reprise des travaux du Sénat rappela Philippe à ses responsabilités. Il se rendit à son fauteuil, Véronique à son bureau de l'édifice Victoria, et leurs tâches respectives de sénateur et d'adjointe commencèrent enfin.

58

Durant le vol qui le mena de l'aéroport d'Ottawa à celui de Toronto, Renaud demeura silencieux. Sylvie également, car elle savait que le ministre réfléchissait en consultant les notes du discours qu'il allait prononcer à l'Empire Club. Comme son conseiller culturel et politique, Renaud était conscient du prestige de cette tribune pour VIP seulement et il entendait y faire sa marque. Ses propos seraient discutés et, du point de vue des membres, fort discutables. Mais le ministre des Affaires étrangères du Canada n'était pas homme à taire sa vérité, et pour lui le temps était venu de trouver sa véritable place tant aux yeux des étrangers qu'au sein du cabinet.

Une fois rendus à l'hôtel, Renaud Lemurest, son conseiller et son attachée de presse montèrent à une chambre qui leur avait été réservée, pour se rafraîchir. Renaud avala rapidement un martini à même le minibar du petit salon, et Sylvie en profita pour téléphoner à la pièce réservée aux membres de l'Empire Club pour demander l'heure à laquelle le ministre des Affaires étrangères devait se présenter. Mais la sonnerie demeura sans réponse. Elle se tourna vers le ministre.

– Nous ne nous serions pas trompés de jour, monsieur le ministre? demanda-t-elle en souriant.

– Je ne crois pas, Sylvie, que vous auriez commis une erreur de cette taille...

Le téléphone les fit sursauter au moment précis où quelqu'un frappait à la porte.

– Non, fit à voix basse Éric, le conseiller culturel, nous ne nous sommes pas trompés, monsieur le ministre...

Il ouvrit la porte et un homme entra, se présenta à Renaud et lui dit:

– *I am the president of the Empire Club, Minister.* Soyez le *bienvenou. We are honored by your presence.*

Quelques minutes plus tard, ils entraient dans une vaste salle à manger. Plus de deux cents couverts attendaient les invités massés autour du bar. En les regardant et en voyant le peu d'attention qui leur était accordé, Renaud se demandait s'il ne devait pas changer le sujet de son discours. «Mais, décida-t-il, je veux secouer ces vénérables femmes et hommes du jet-set politique et social de l'Empire Club.»

Ils passèrent à table. Sylvie et Éric prirent place à une petite table réservée aux journalistes, mystérieusement absents de ce déjeuner pourtant prestigieux. Le repas fut avalé rapidement par l'invité d'honneur, qui constatait une fois de plus qu'il était «*within the Chicken Circuit*», familier aux conférenciers non seulement de ce club mais de la plupart de ceux au sein desquels Renaud avait prononcé des discours.

Il fut présenté avec amabilité mais froideur. Un ex-ambassadeur du Canada en France n'emballait pas outre mesure les invités du club. Il prit la parole avec son aisance habituelle, allant de l'anglais au français sans hésitation ni erreurs de vocabulaire ou de prononciation, et il étonna les membres, soudainement plus attentifs lorsqu'ils entendirent le ministre Lemurest affirmer tranquillement que ce jour-là il avait accepté de présenter à l'Empire Club un projet concernant les relations entre le Canada et la Grande-Bretagne. Il sentit que son auditoire retenait son souffle, mais, décidé plus que jamais à secouer son monde et surtout son malaise politique, Renaud Lemurest exposa le plan qu'il mijotait depuis sa nomination aux Affaires étrangères. À son grand étonnement, son auditoire ne semblait aucunement choqué par le désir qu'il exprimait de mettre un peu plus de distance entre la monarchie britannique et la diplomatie canadienne.

– Le Canada n'est plus une colonie britannique, dit-il.

Certes, il surprit quelques visages fermés. Deux messieurs oublièrent leurs bonnes manières et quittèrent leurs sièges. Renaud arrêta de parler et les regarda se diriger vers la sortie, ce qui embarrassa son auditoire et il en était fort satisfait.

– Pourquoi, leur demanda-t-il en anglais évidemment, sommes-nous encore dotés d'un High Commissionner à Londres, plutôt que d'une ambassade et d'un ambassadeur comme dans tous les autres pays du monde ? Nous avons rapatrié notre constitution, mais non le chef d'État du Canada. Alors, comment pouvons-nous nous dire souverains avec une reine née et éduquée en

Angleterre et qui demeure, j'en suis fort conscient, plus populaire chez nous que chez elle ? Je sais également que ce fut le roi d'Angleterre qui, après la Conquête, reconnut aux Canadiens français, par l'Acte de Québec, et je cite, «le droit à la religion de Rome, à la langue française, aux lois civiles françaises et le droit de propriété», piliers de la survivance française sur le continent.

Il avait fort adroitement dosé son discours, s'efforçant de ne pas froisser ses auditeurs en les associant à son projet.

Il fut poliment applaudi, et, sans que les membres soient venus lui serrer la main et échanger quelques mots avec lui, il se retrouva bientôt seul avec Sylvie et Éric.

– Alors ? dit-il.

À cet instant, deux journalistes et un cameraman entrèrent dans le salon. Sylvie les connaissait et elle s'empressa de leur remettre deux copies du texte que Renaud n'avait pas lu à son auditoire mais dont il avait rédigé les grandes lignes avec ses conseillers du ministère. Il excusa gentiment le retard des journalistes, qui lui dirent qu'un autre conférencier prononçait au même hôtel une causerie sur les tensions internationales.

Renaud consentit à donner deux entrevues, l'une en français pour RDI et la seconde en anglais pour CBC. Puis tous trois retournèrent à l'aéroport en taxi, puisque personne n'avait songé à mettre une limousine au service du ministre.

– La politesse ne les étouffe pas, observa Sylvie. J'aurais dû prévoir une voiture pour nous. Je vous prie de m'excuser, monsieur le ministre, fit-elle piteusement.

Quelques heures plus tard, Renaud entrait chez lui et il trouva Mathilde devant la télévision.

– Tu fais les nouvelles ce soir, Renaud. Tu es censé avoir demandé de rompre nos liens avec la Couronne britannique.

Renaud sursauta.

– Je n'ai rien dit de tel et voici mon discours... Lis-le, Mathilde, car si la télévision fausse à ce point mes paroles, je devrai m'expliquer au Premier ministre demain matin. Je vais téléphoner à Sylvie pour qu'elle imprime plusieurs copies de ce discours. Je devrai probablement en faire parvenir une à mes collègues, aux députés et surtout à la presse.

59

Avant de monter l'escalier derrière le Premier ministre au sortir de la Chambre des communes, Renaud Lemurest fut assailli par la presse parlementaire. Sylvie, à force de jouer du coude, réussit à rejoindre le ministre et lui remit un petit magnétophone en lui chuchotant:

– Votre causerie est enregistrée sur le premier côté de la cassette, et sur l'autre se trouvent vos entrevues avec les journalistes.

Renaud la regarda, à la fois étonné et soulagé. Il pressentait, en suivant le Premier ministre, une scène difficile. Il avait remarqué son visage dur et fermé après la période des questions, et il était lui-même suivi par Maurice Lapierre, l'attaché de presse du Premier ministre, également furieux de l'affrontement qui s'annonçait entre les deux hommes. Mais Renaud tenait la preuve de la distorsion de ses propos et entendait se servir du magnétophone, non pour excuser son discours mais au moins pour en replacer les phrases dans leur véritable contexte.

Une fois la porte de son bureau fermée, le Premier ministre se tourna vers Renaud, demeuré debout, et lui cria presque, tant la colère l'étouffait:

– Vous m'avez trahi, monsieur le ministre des Affaires étrangères ; vous êtes même étranger à votre propre pays. Je me suis trompé en vous offrant le poste le plus important de mon cabinet après celui du ministre des Finances...

Renaud ne broncha pas, mais déposa devant le Premier ministre, qui venait de prendre place dans son fauteuil, une enveloppe contenant son discours imprimé, ainsi que le magnétophone. Sans demander l'avis du Premier ministre, il mit le magnétophone en marche. En entendant la voix de son ministre, Alain Lecarré sursauta, mais il écouta attentivement, et, au moment où il voulut prendre des notes, Renaud ouvrit l'enveloppe et sortit son texte, qu'il déposa devant le Premier ministre. Une fois le discours terminé, Renaud, toujours sans parler, tourna la cassette et le Premier ministre écouta les entrevues avec la presse. À son tour, il se leva, ouvrit sa télévision, appuya sur les boutons du magnétoscope et fit signe à son ministre de prendre place sur un des deux fauteuils placés devant l'appareil. Ensemble, ils regardèrent le bulletin d'informations de dix-neuf heures de la veille. Quand celui-ci fut terminé, Renaud, toujours silencieux, déposa une enveloppe blanche sur le bureau du Premier ministre ; elle contenait sa lettre de démission. Et il se leva pour prendre congé du chef du gouvernement.

– Monsieur le ministre des Affaires étrangères, je ne sais plus si je vous dois des excuses ou si je devrais vous demander votre démission. Expliquons-nous.

– Ce que vous venez d'entendre, monsieur, fit alors rudement Renaud, suffit, je crois, à vous éclairer sur le fait que je suis en effet un étranger à ce pays que je trouve sans âme, sans passion et sans fierté. Si je devais répéter mot pour mot ce que vous venez d'entendre sur le magnétophone, la distorsion de mes propos durant le bulletin d'informations de Radio-Canada parle éloquemment en ma faveur. Oui, je suis convaincu que nous devrions enfin, non pas nous couper de la Grande-Bretagne, mais au moins nous distancer de notre passé, encore traité au présent en Angleterre.

— Mais attaquer la royauté devant les membres de l'Empire Club, ça prend un sacré culot, riposta le Premier ministre.

— Oui, et j'ai choisi ce club parce qu'il est censé être le plus prestigieux et surtout le plus royaliste de tous les cercles canadiens. Si vous aviez pu observer l'attention de la majorité, les deux hommes qui me firent l'honneur de quitter la salle durant mon discours, je ne crois pas que vous me reprocheriez mon... audace. Au moment où vous êtes aux prises avec les Québécois qui exigent la séparation de notre province de notre pays, il fallait donner un grand coup; je l'ai fait, tout en sachant fort bien que vous exigeriez ma démission, mais que je vous obtiendrais la confiance de nos compatriotes francophones. Ils ne sont pas contre la royauté, à qui ils doivent depuis 1774 leur réalité française, mais contre le prestige dont jouit encore l'Angleterre au pays. Traitons avec ce pays comme nous le faisons avec les autres. Créons une ambassade à Londres, abolissons les postes inutiles et si coûteux de tous les lieutenants-gouverneurs sans autorité politique mais encore dotés de salaires somptueux, ouvrons notre constitution pour enfin la lire, afin de nous donner un chef d'État qui soit un citoyen canadien. Il faut en finir avec un gouverneur général dont personne à l'étranger ne comprend le rôle, la fonction ni la raison d'être, puisque nous nous vantons d'avoir rapatrié notre constitution pour affirmer notre souveraineté. Attendons un moment pour imiter l'Australie et devenir une république, plutôt que d'appartenir à une monarchie constitutionnelle sans aucun pouvoir sur nous et qui de surcroît nous coûte une fortune. Devenons vraiment des Canadiens. Voilà ce que disait mon discours, monsieur le Premier ministre, et voilà ce que je crois. Je suis prêt à démissionner pour vous rendre service mais non à changer d'idée afin de demeurer ministre des Affaires étrangères.

Renaud se leva et, sans regarder le Premier ministre, sortit précipitamment du bureau, butant presque sur Robert Lefaivre et sur Maurice Lapierre, qui semblaient excités, nerveux, mais décidés à entrer chez le Premier ministre. Ils tenaient des feuilles de papier, des télégrammes, des fax...

«Ouf! se disait Renaud en se dirigeant vers la sortie du Parlement, heureusement que ma lettre de démission est entre les mains de Lecarré. Ainsi, je le quitte de mon propre gré. Ma décision le libérera de moi et moi de lui... Mais que diront Mathilde et Philippe?»

60

Renaud pria le chauffeur de le conduire à sa résidence. Il était épuisé, et surtout il voulait se confier à Mathilde. «Comme toujours, elle sera plus calme et plus raisonnable que moi», se disait-il.

— Monsieur le ministre, lui dit alors Victor en conduisant lentement vers River Road, me permettez-vous d'augmenter le volume de la radio?

— Pourquoi? demanda brusquement le ministre.

— Pour entendre vos compatriotes, dont je suis, monsieur, hésita-t-il à dire, vanter votre discours. Il paraît, selon les journalistes...

— Ah! ceux-là, riposta le ministre, je les foutrais tous dehors, Victor. Je vais démissionner à cause d'eux.

— Non, monsieur. Vous allez devenir Premier ministre à cause d'eux...

Renaud se releva de son siège sur lequel il était affalé et s'approcha de son chauffeur.

— J'ai peine à vous croire, dit-il avec inquiétude.

Victor augmenta le volume de la radio et Renaud Lemurest écouta un animateur affirmer que les lignes ouvertes, les commentateurs politiques, surtout francophones québécois évidemment, vantaient le courage avec lequel il avait exposé ses vues sur les relations du Canada avec l'Angleterre, mais que la plupart se demandaient pourquoi un diplomate aussi chevronné que le ministre Lemurest avait à ce point manqué de diplomatie devant l'Empire Club de Toronto.

Le ministre écouta quelques instants, et, réalisant que la voiture stoppait devant sa résidence, il dit à Victor:

— Si le Premier ministre accepte ma démission, Victor, je ne vous abandonnerai sûrement pas.

— Moi non plus, monsieur, lui répondit le chauffeur en ouvrant la portière et en tirant la mallette du ministre du coffre arrière de la voiture.

Renaud le regarda, puis, en souriant, il suggéra:

— Victor, puisque nous sommes accusés de profiter d'une prétendue limousine, pourquoi n'en achèterions-nous pas une, si je demeure à mon ministère? Cette voiture est vraiment affreuse...

Lorsqu'il ouvrit la porte de sa maison, il s'arrêta dans le portique, à la fois inquiet et heureux de découvrir Élise, Philippe et Mathilde assis autour de la télévision, sirotant leurs apéritifs. Mathilde s'aperçut immédiatement de l'épuisement de son mari. Elle pria Philippe de lui préparer un double martini et vint le trouver en lui tendant son verre.

— Je suis fière de toi, Renaud, mais inquiète pour nous. Est-ce que je me trompe?

Avant de lui répondre, Renaud regarda son ancien conseiller et son épouse et leur demanda:

— Où est Boba?

– Chez nous, répondit doucement Élise, et tendrement protégée par une jeune Serbe, citoyenne canadienne depuis cinq ans. Boba l'adore. Ne vous inquiétez pas pour elle, monsieur le ministre.

Renaud marcha vers Philippe et lui dit:

– J'ai remis ma démission au Premier ministre, Philippe.

– C'est surtout lui qui devrait remettre la sienne au gouvernement, jeta Philippe furieusement.

– Tout de même! protesta Renaud en regardant Mathilde.

Elle revint vers lui, l'entoura de ses bras et lui dit:

– J'ai été étonnée, oui, je l'avoue, de tes propos audacieux devant ce club VIP, mais je reconnais ton courage, Renaud. Tu t'es fait des ennemis au sein de ton gouvernement, mais pas au sein de la population. Regarde ce que Sylvie est venue déposer ici avant ton arrivée.

Renaud se pencha sur une table, prit quelques télégrammes et fax entre ses mains, les parcourut rapidement et se laissa choir lourdement dans un fauteuil.

Il regarda ses amis et sa femme, et demanda:

– Je suis foutu au cabinet ou pas?

– Qu'importe, répondit Philippe, si vous êtes admiré par nos compatriotes. Il est rare, monsieur le ministre, qu'un Québécois de souche force l'admiration de nos amis anglophones. Le Premier ministre n'osera vous muter ni accepter votre démission.

– Mais s'il devait l'accepter, demanda Mathilde un peu nerveusement, que deviendrait notre organisme Enfants sans Frontières?

– Je n'en sais rien, répondit Renaud. Je n'en sais rien.

61

Le Premier ministre marchait de long en large dans son immense bureau du Parlement; il était si visiblement en colère que Robert Lefaivre, le président de son parti, n'osait lui parler. Lui aussi était furieux, non contre le ministre des Affaires étrangères, mais contre le Premier ministre. Il le connaissait assez pour attendre qu'il se calme avant de lui présenter ses arguments en faveur du maintien de Lemurest au cabinet.

— Je suppose, Lefaivre, qu'une fois de plus vous analyserez le comportement de Renaud à la lumière des messages que nous recevons à son sujet.

— Oui, et d'autant plus, répondit sèchement Lefaivre, que les appels téléphoniques, les messages télécopiés, les télégrammes, les lignes ouvertes vous félicitent d'avoir nommé un tel homme au cabinet et d'avoir ainsi démontré votre flair quant au courage politique de votre ministre.

— Voici sa lettre de démission, fit alors Lecarré en tendant à Robert Lefaivre une enveloppe blanche.

— Et voici la mienne, monsieur le Premier ministre, rétorqua le chef du parti en lui tendant une semblable enveloppe blanche.

Le téléphone sonna. Le Premier ministre répondit, écouta et dit:

— Oui, faites-le entrer.

Il se tourna vers Robert Lefaivre en disant:

— Assoyez-vous ici, Robert, et attendons la scène. Le ministre des Finances désire me parler. Ça promet, fit-il en soupirant.

Brendan Channing entra. Il était grave, mais son visage n'exprimait aucune colère.

— *I've had many phone calls from my friends from the Empire Club. Half of them are furious, the other half satisfied and supportive of Lemurest.*

— Et vous?

— Je voudrais d'abord connaître vos sentiments quant à l'opportunité de tenir un tel discours devant les membres de ce club important.

— J'ai sa lettre de démission devant moi, *Minister*, répondit brusquement le Premier ministre.

— *So you are afraid of him?* enchaîna Channing.

— Non, mais je lui reproche d'agir sans me consulter. Mes ministres exécutent mes politiques en y ajoutant leurs opinions que je respecte, et vous le savez, monsieur le ministre des Finances, mais je ne suis pas le serviteur des membres de mon cabinet, surtout si je dois payer pour leurs erreurs.

— *May I sit down, Prime Minister?*

Lefaivre se leva, avança un fauteuil devant le bureau du Premier ministre, et reprit sa place, à côté de Channing.

— J'ai beaucoup de respect pour la royauté, Londres et nos liens avec la Grande-Bretagne, *but honestly, Prime Minister, I have more respect for the courage of our colleague of External Affairs.*

Alain Lecarré le regarda, à la fois interdit, ravi et vaguement inquiet.

— Expliquez-moi vos réactions, Channing, lui demanda-t-il.

— Le pays a besoin de se secouer des influences qui pèsent constamment sur notre présent. *Our constitution is here at long last, but we are still colonials in the eyes of our friends in Great Britain.* Les États-Unis ne nous considèrent pas comme des alliés mais comme des subalternes. *It is time for us to stand up as a sovereign country which speaks with one voice, and that voice is yours at the present time. I respect you, sir, and I respect Lemurest too. But if he goes, I go too.*

Et, se levant, il salua légèrement le Premier ministre et quitta rapidement son bureau.

— Ça alors! fit le Premier ministre.

Il regarda Lefaivre et lui dit:

— Reprenez votre lettre et laissez-moi réfléchir sur le sens de cette damnée histoire. J'ai plus besoin de Renaud que lui de moi, et nous le savons tous les deux. J'admire parfois son courage à exprimer sa pensée, mais je pressens qu'il se prépare à me remplacer un jour.

— Les hommes ne sont pas éternels en politique, monsieur le Premier ministre, riposta doucement Lefaivre. Mais si notre population vous admire à travers Lemurest, alors, croyez-moi, acceptez sa façon d'être et soutenez-le publiquement en vous souvenant que notre parti a perdu quelques plumes depuis notre engagement en Bosnie. Le Québec grogne sans arrêt contre nous, et une grande partie des auditeurs qui se sont exprimés hier soir et ce matin sur les ondes radiophoniques étaient pour la plupart heureux des déclarations de votre ministre.

Robert Lefaivre se leva, reprit sa lettre et dit doucement au Premier ministre, visiblement secoué:

– Ne vous faites pas trop de souci, monsieur; je serai au caucus demain matin, et, croyez-moi, le premier député ou ministre qui critiquera les propos de Lemurest aura de mes nouvelles. Pour l'instant, si vous me permettez un conseil, tenez-vous loin du ministre des Affaires étrangères. Il doit être assez bouleversé en ce moment et il risque de démissionner publiquement, ce qui, pour nous tous, serait un désastre. Vous avez raison de croire que nous avons besoin de lui, et même si vous deviez lui donner un autre ministère, aucun ne me semble assez prestigieux pour que la presse ne flaire pas votre déception et ne vous bombarde pas de questions embarrassantes. Me permettez-vous de parler à Lemurest? Nous nous entendons bien, tous les deux.

– Oui, Robert, et ne me parlez plus jamais de démissionner. J'ai entièrement confiance en vous. Je vais aller déjeuner chez moi. Céline m'aidera à passer à travers cette crise. Parfois je me demande, dit-il en riant, si c'est elle ou moi qui dirige le pays...

62

Mathilde regardait Renaud, assis dans son fauteuil devant la cheminée où les bûches crépitaient doucement. «Pourquoi, se demandait-elle, est-il silencieux, comme absent de notre vie conjugale?»

De son côté, Renaud s'interrogeait sur les raisons de son besoin de Mathilde et de son incapacité de s'exprimer. Il devinait l'angoisse que ressentait sa femme devant sa morosité, mais il se sentait incapable de parler, de se confier. Pourquoi? Parce que l'homme était écœuré de la politique telle qu'il la vivait, alors que le ministre cachait en lui des ambitions dont il n'était pas particulièrement fier.

«À quoi pense-t-il? songeait Mathilde en lui versant un deuxième martini. Je n'ose l'interroger, car de le savoir si souvent près de moi me réconforte. Il a sans doute besoin de ma présence, mais aussi, probablement, de mon silence. Mais je sais à son sourire, quand il me regarde, que Renaud demeure collé à moi. Les critiques dont la presse l'inonde depuis son discours à l'Empire Club doivent le blesser profondément.»

«Pourquoi, se demandait de son côté Renaud, Mathilde est-elle si silencieuse avec moi? Nous nous aimons, de cela je suis plus certain que jamais, mais je ne sais que lui dire en ce moment.»

«Comment, se disait à son tour Mathilde en s'affairant à cuire le carré d'agneau dont il était friand, essayer de briser son mutisme, d'envahir sa réflexion, de forcer ses confidences? Je le connais assez pour deviner que dans quelques heures ou quelques jours Renaud m'annoncera une décision, encore que je ne sache point de quoi il s'agira. Mais Renaud n'est pas homme à accepter des critiques aussi acerbes que celles que nous lisons le matin dans la presse écrite et que nous entendons le soir aux bulletins d'informations. S'il se décidait à démissionner comme il l'a laissé entendre au Premier ministre, que deviendrions-nous?»

«Mathilde acceptera-t-elle de renoncer à une vie à la fois passionnante et décevante à Ottawa? se demandait Renaud en la regardant aller et venir entre le salon et la cuisine. Acceptera-t-elle un mari qui prendra sa retraite? Car si je me décide à démissionner du ministère des Affaires étrangères, le Premier ministre ne me confiera sûrement pas une nouvelle ambassade. Certes, Mathilde et moi sommes capables de vivre confortablement dans notre appartement de Nice, mais que ferons-nous quand nous ne ferons plus rien...?»

«J'envie Élise qui, pour la première fois dans notre travail commun, connaît enfin pour Philippe et elle une relative tranquillité politique, sociale et familiale, se répétait Mathilde. Boba remplit le vide de leur vie de couple, et les activités du nouveau sénateur de Blanc-Mouton compensent enfin pour ses années de loyauté aux côtés de Renaud. Mais moi, face à Élise, je me sens amputée de la joie de voir grandir une petite fille comme celle à laquelle tous deux apporteront le réconfort dont elle aura besoin pour assumer son existence canadienne.»

Revenant de la cuisine, Mathilde alluma les chandelles sur la table et demanda à son mari de prendre place à ses côtés. Renaud vint tout de suite la rejoindre, car il avait flairé de son fauteuil l'arôme du carré d'agneau dont Mathilde avait retrouvé les secrets depuis leur installation sur River Road.

– Tu me gâtes, lui dit-il en taillant les côtelettes d'agneau rosées, fleurant l'ail et le Pernod.

– Toi aussi, Renaud, tu me gâtes, car de plus en plus tu vis ici. Mais je te sens si triste que je ne parle pas plus que toi. Pourrais-tu ce soir, cher, essayer de rompre ton silence, de parler de ce qui, de toute évidence, te trouble? Mais, ajouta-t-elle précipitamment en voyant le visage de Renaud se fermer, je ne veux pas être indiscrète. Mais comme je t'aime, ta tristesse devient ma tristesse, ton inquiétude me trouble et je suis inquiète de te sentir si loin de moi.

Renaud la regarda en la servant; il déposa ensuite deux côtelettes dans sa propre assiette et lui dit doucement:

– Je ne suis pas loin de toi, Mathilde, mais de moi-même. Je ne sais plus où je vais, et je me sens désemparé devant mes responsabilités. Je voudrais quitter ce milieu infernal et partir avec toi pour Nice. Et vivre, vivre, tout simplement, en t'aimant et en te laissant m'aimer, sans plus.

— Mais, Renaud, le Premier ministre et Céline ne comprendront jamais pourquoi tu désires abandonner ton ministère.

— Parce que, dit-il en avalant une lampée de vin, j'ai faussé ma mission, compromis la réputation du cabinet et celle des Lecarré. J'ai commis une bourde à Toronto et je le sais maintenant.

— Toi ? Tu es le ministre le plus important, riposta-t-elle, et je lève mon verre à ta santé, fit-elle en souriant.

— Mathilde, tu sais ce que disent les journaux et la télé depuis mon retour de Toronto.

— Oui, et je comprends que tu sois blessé. Mais tu n'es pas homme à quitter un poste lorsque la soupe est trop chaude.

— Si je me brûle en l'avalant, non, mais si le potage brûle tous mes collègues, alors, que dois-je faire ?

Mathilde le regarda quelques instants, puis lui dit, avec une tendresse moirée de désir :

— La laisser refroidir. Mais pas la mienne, elle est assez chaude pour ton goût, répondit-elle en riant.

— Tu as faim, Mathilde ?

— D'agneau, non, mais de toi, oui.

Ils se levèrent tous les deux ; Renaud la prit contre lui, et ensemble, sans même souffler les chandelles, ils se dirigèrent vers leur chambre à coucher.

63

Pour une fois que le 24, rue Sussex était sans invités, que le Premier ministre et son épouse dînaient en tête-à-tête, le repas, pourtant de bonne gastronomie, ne semblait pas leur plaire. Alain lisait son journal, ce que jamais il ne faisait avec Céline, qui en était étonnée et choquée.

«Nous avons trop peu d'occasions de nous retrouver seuls dans cette maison froide et si peu la nôtre, en fait, que je me faisais une joie de me vider le cœur devant lui. Mais ce silence, ce visage fermé, ce manque de courtoisie à mon endroit m'étonnent», se disait-elle en tentant de faire honneur à la poule au pot que le chef leur présentait lorsqu'ils dînaient à deux. «Mais ce soir, se répétait-elle intérieurement, je suis plus seule avec lui que sans lui. Pourquoi?»

Alain faisait semblant de manger son repas, le nez plongé dans le *Globe and Mail* qu'il ne lisait pas mais derrière lequel il cachait son visage. Pourquoi?

«Parce que, se disait-il, je suis en colère contre Renaud et que si je me vide le cœur, Céline sera alors en colère contre moi. Mais comment expliquer au cabinet demain matin et ensuite devant le caucus pourquoi un diplomate de sa taille s'est à ce point fourvoyé à Toronto concernant les relations entre la Grande-Bretagne et le Canada, au point de choquer tous nos partisans royalistes en suggérant que le Canada devienne une république ? Presque tous mes ministres anglophones menacent de démissionner si je n'accepte pas le départ de Lemurest, et si je le fais, mes collègues francophones le suivront. Je perdrai ma majorité en Chambre et une élection devra suivre cette crise. »

Il leva la tête vers Céline qui, le regardant un long moment, suggéra, à la plus grande stupéfaction de son mari :

— Alain, autant je suis amie avec Mathilde Lemurest, autant je suis blessée par les propos de son mari devant les membres de l'Empire Club de Toronto. Accepte sa démission, et...

— Et quoi ? lui répondit-il.

— Et subis avec courage les conséquences de ta décision. Surtout, Alain, ne joue pas avec ta loyauté envers certains principes dont tu t'es dit le défenseur durant ta campagne.

— Et si d'autres ministres suivent le geste de Lemurest, Céline, alors nous devrons aller en élections. Le parti n'est pas prêt ; moi non plus.

— Mais tu les gagneras si tu agis avec audace et courage, pas si tu renies tes promesses électorales. Tu n'es pas en tort ; tes ministres francophones ont eux aussi juré fidélité à la reine. Donc, si tu as le courage de leur propre loyauté envers nos liens avec l'Angleterre, tu remporteras la victoire. Si tu fléchis pour éviter une crise, tu en précipiteras une autre.

– Et les Lemurest, Céline?

– Me fais-tu confiance, lui demanda-t-elle avec un léger accent d'ironie.

Lecarré se leva, se dirigea vers la porte de la cuisine, qu'il ferma sans égard aux domestiques, et revint vers Céline. Elle le retrouva à genoux à côté de sa chaise, stupéfaite de ce geste inaccoutumé de son mari. Il l'entoura de ses bras et lui dit, la voix cassée par l'émotion:

– À qui veux-tu que je fasse confiance sinon à toi, ma chérie? Jamais je ne me suis senti si seul au sein du gouvernement, du cabinet et du parti. Je me découvre trahi par Lemurest...

– Tu as tort, lui répondit-elle en se levant en même temps que lui. Il a sans doute manqué de tact, mais pas de vérité diplomatique. Oui, Alain, le Canada, un jour, devra non pas briser ses liens avec la Grande-Bretagne, mais au moins les relâcher. Nous sommes un pays, nous ne sommes plus une colonie. Si notre constitution est domiciliée, alors notre chef d'État doit le devenir un jour...

Alain la regarda, interdit, et il lui dit doucement:

– En attendant ce grand jour, ma Céline d'amour, veux-tu que nous resserrions nos liens à nous?

Ils quittèrent la salle à manger au moment où leur maître d'hôtel arrivait avec le dessert. Il les regarda quitter la pièce, sourit de les voir enlacés, et décida de plonger sa main dans l'assiette de pâtisseries pour en croquer une, geste que jamais il n'avait fait avant cet instant qui l'émouvait.

«Enfin, se dit-il en avalant le minigâteau, eux aussi, ils s'aiment. Comme tout le monde.»

64

Philippe, assis dans son fauteuil au Sénat, avait peine à contenir son indignation devant la partisannerie éhontée qui s'exprimait à travers les vociférations de la plupart de ses collègues. Au Sénat comme à la Chambre des communes, les propos tenus par le ministre des Affaires étrangères à Toronto avaient décuplé la hargne que plusieurs nourrissaient déjà contre lui. Philippe, peu rompu aux usages en vigueur dans les débats du Sénat, n'osait intervenir pour défendre le discours de l'ex-ambassadeur. Il sortit du Sénat, se rendit dans la salle dite «*reading room*» et prit place sur un sofa près d'un sénateur qui lui avait manifesté de l'amitié. Il lui demanda comment intervenir dans le débat sur les propos du ministre Lemurest. Il écouta son collègue et retourna rapidement à son fauteuil de sénateur indépendant.

Il se leva, fit le silence autour de lui et dit, comme il lui avait été conseillé :

— Une question de privilège, monsieur le président.

— Vous avez la parole, fit le président.

Philippe se tourna vers ses collègues et, prenant dans ses mains le discours torontois du ministre des Affaires étrangères, il affirma fermement :

– Monsieur le président, honorables collègues, je ne suis pas encore assez au fait des usages de cette Chambre pour connaître mes droits, mais je prends la liberté, avec votre permission, de remettre à cette Chambre une copie du discours du ministre Lemurest, tel qu'il fut prononcé à l'Empire Club et non tel que la presse l'a commenté. Je crois plus honnête pour vous tous de comprendre le sens de la conférence du ministre avant de vous joindre au chœur de ses détracteurs. Merci, monsieur le président.

Philippe remit la copie du discours à un jeune page qui à son tour la tendit au greffier de la Chambre. Alors, le sénateur de Blanc-Mouton quitta son fauteuil et s'inclina devant le président avant de sortir du Sénat. Il monta à bord du minibus qui transportait les sénateurs entre le Parlement et leurs bureaux de l'édifice Victoria, et, en pénétrant dans les pièces qui lui étaient réservées au neuvième étage, il dit à Véronique :

– Essayez de joindre le ministre Lemurest ; j'ai besoin de lui parler.

Il entra dans son bureau, s'assit, ouvrit le *Quorum*, la revue des commentaires de presse, et attendit.

Véronique revint vers lui.

– Le ministre prend part à une séance du cabinet, sénateur, mais il vous rappellera dès que le meeting sera terminé.

– Essayez de joindre Mme Lemurest, Véronique.

Elle sortit, retourna à son bureau, et, quelques secondes plus tard, le téléphone de Philippe sonna.

– Mme Lemurest est en ligne, sénateur.

– Bonjour, Mathilde, fit alors Philippe. Comment réagit le ministre devant les critiques qui lui tombent dessus de tous les côtés?

Il écouta et poursuivit:

– A-t-il de vrais amis autour de lui au ministère? Non, non, Mathilde, ne le laissez pas offrir sa démission. Nous avons tous besoin de son courage et moi surtout. Je viens de défendre la vérité de ses propos au Sénat et je tiens à lui affirmer ma loyauté. Non... Élise ne veut pas quitter Boba le soir. Oui, elle est mieux; la présence à ses côtés de sa jeune compatriote lui a redonné confiance et assurance, mais elle est trop fragile pour qu'on la laisse seule chez nous.

Il écouta encore un moment et ajouta:

– Mathilde, Élise et moi sommes vos amis. Dites à votre mari de ne pas quitter le gouvernement Lecarré en ce moment. Le Premier ministre est seul, me disent ses partisans au Sénat, et son épouse doit avoir besoin de vous. Oui, je retourne chez moi à l'instant. Téléphonez-nous ce soir, si vous le pouvez. À bientôt, Mathilde... Merci.

Il raccrocha le combiné au moment où Véronique entrait.

– Entre vous et moi, Véronique, notre patron a été bien imprudent à Toronto. Sa gaffe est de taille et je me demande comment il se sortira de ce mauvais pas.

Une fois entré chez lui, Philippe sourit en voyant Élise et Boba assises côte à côte sur le sofa. La petite fille lisait à haute voix un livre ouvert sur ses genoux. Elles levèrent toutes deux la tête vers lui et Boba courut embrasser «*Tata*», ce qui voulait dire «papa» en serbo-croate. Philippe la retint quelques secondes contre lui et dit à Élise:

— Le ministre Lemurest est écrasé par les critiques. As-tu parlé à Mathilde de tout cela?

— Non, fit Élise en soupirant, car à vrai dire, Philippe, je ne sais quoi lui dire. Pourquoi le ministre, devant ce club snob, plus royaliste que l'Angleterre, s'est-il lancé dans une attaque contre la Grande-Bretagne? Décidément, tu avais raison de me dire, il y a quelque temps, que politique et diplomatie ne font pas bon ménage.

— Dire que je comprends le sens de son intervention, ce serait exagéré. J'ai tenté de le joindre au ministère mais sa secrétaire a dit à Véronique qu'il assistait à une séance du cabinet.

— Pauvre lui, dit Élise, il ne doit pas être très populaire en ce moment. Je me demande comment il se sortira de ce bourbier.

— Moi aussi, ajouta Philippe; pourvu qu'il ne démissionne pas. Sans Mathilde et lui, nous serions bien seuls ici...

— Avec Boba, reprit doucement et tendrement Élise, nous ne serons jamais seuls...

65

Ils furent cependant plus que seuls après le départ de Mathilde et de Renaud pour une visite dans plusieurs des grandes capitales du monde. Le Premier ministre avait offert cette tournée à Lemurest, critiqué dans tout le pays anglophone, afin de le réhabiliter dans l'opinion publique, ou d'accepter sa démission si ses réflexions sur la politique étrangère du cabinet ne convenaient pas au gouvernement. Cependant, il avait exigé, sans que ce voyage demeure secret – en politique, plus rien ne l'est, et la visite d'un ministre des Affaires étrangères dans le monde ne devait pas apparaître comme mystérieuse aux yeux des étrangers –, que son départ et les raisons de cette tournée ne fassent pas les manchettes de la presse canadienne.

Parce que Renaud se savait coupable d'une erreur de jugement, il avait décidé que Mathilde serait de la tournée mais à leurs frais. «Si je décide de démissionner au retour, se disait-il, Mathilde aura établi assez de contacts à l'étranger pour consolider son organisme Enfants sans Frontières dans la plupart des villes qui nous recevront. Et, étant indépendante du gouvernement et de mon ministère, elle ne risque aucune critique sur ses activités hors du pays.»

Mathilde avait immédiatement donné son accord à cette tournée internationale, pressentant que son mari quitterait son ministère à son retour.

Élise et Philippe, coupés de leurs seuls véritables amis à Ottawa, songeaient à leur tour à faire prendre un virage important à leur existence. Philippe avait compris, depuis ses trois mois au Sénat, que jamais il ne pourrait se fondre dans cette Chambre dont il respectait les traditions mais dont il ne parvenait pas à comprendre la raison d'être. Comme Renaud, lui aussi se sentait coupable d'avoir accepté une mission et des responsabilités qui ne convenaient pas à sa mentalité. La politique partisane lui déplaisait, et les actions et réactions de ses collègues le mettaient mal à l'aise, compte tenu de l'argent gaspillé par certains d'entre eux, «mais pas tous», avait-il précisé à Élise, la plupart remplissant avec efficacité leurs travaux.

La politique n'est pas un métier de tout repos. Des couples y trouvent des raisons de se séparer; des amis se retrouvent chacun d'un côté différent de la Chambre; des principes ne sont plus respectés au nom de la ligne du parti auquel appartiennent députés et ministres. Et Philippe, rompu à la politesse diplomatique, n'en revenait pas de se voir, tous les jours, salué militairement par les gardiens de sécurité qu'il croisait au Sénat ou à son bureau de l'édifice Victoria. Il n'avait pas encore découvert comment se comporter devant une politesse qu'il savait ne pas mériter, mais dont il doutait de l'authenticité. Véronique l'avait informé que certains sénateurs, en mal de grandeur, portaient plainte contre tel ou tel gendarme ou officier de sécurité qui, ne les ayant pas remarqués, ne les avait pas salués.

Bref, Philippe, qui cependant avait connu le côté luxueux, élégant, des services diplomatiques, lorgnait à son tour vers un retour dans ce milieu. Mais puisque, se disait-il tristement, il avait à son tour cédé à la tentation de grandeur inhérente à son nouveau titre, celui d'honorable Philippe Granvert, sénateur de Blanc-Mouton, il se sentait tenu de remplir le plus efficacement possible une tâche dont il percevait à la fois la grandeur et la fausseté. Pour plusieurs de ses collègues, le Sénat était un prétexte aux séjours à l'étranger, aux privilèges coûteux, et il voyait d'un fort mauvais œil le départ du ministre Lemurest et de sa femme.

— Je ne comprends vraiment pas, avait-il confessé à Élise durant leur dîner, comment le Premier ministre ose le déléguer partout dans le monde après sa gaffe de Toronto.

— Probablement, répondit Élise, à la fois pour lui donner le temps de réfléchir sur sa loyauté envers son pays et pour apprendre de lui si le Canada est bien vu dans le monde. Son discours n'a pas fait les manchettes de la presse internationale, mais sa réputation de diplomate distingué, racé et loyal à son pays le précède et le poursuit. Donc, derrière ce voyage, je devine, Philippe, un changement, ou dans son ministère ou dans sa carrière.

— Je suis heureux de t'entendre me parler ainsi ce soir, Élise, soupira Philippe en se levant et en donnant la main à Boba, qui ne parlait point mais le regardait en souriant.

– Et elle, demanda-t-il à Élise, s'intègre-t-elle à nous et à notre milieu ?

– Oui, mais elle demeure encore très fragile. Un rien de nouveau, un bruit insolite, une conversation un peu tonitruante, que ce soit dans cet édifice ou à l'épicerie, qui est devenue son endroit préféré, et elle se cabre. Mais je suis étonnée, Philippe, de constater la gentillesse de tout le monde à son endroit. Depuis la publication de sa photo avec son béret bleu coiffant ses cheveux blonds, même si nous avons tenté avec les Lemurest de conserver son anonymat, ce béret bleu qu'elle porte toujours sur sa tête la fait reconnaître partout où je circule avec elle. Son amie, qui la promène dans Ottawa, me dit la même chose, et notre adorable Boba adore ceux et celles qui lui parlent. Elle devient de plus en plus notre fille, Philippe, et je suis prête à faire n'importe quoi pour que bientôt elle oublie sa tragique existence à Sarajevo.

Philippe regarda Boba, qui de toute évidence l'aimait beaucoup – «elle devait être très près de son père», avait un jour admis Élise –, et il ouvrit la télévision.

Boba fit non de la tête et se réfugia dans sa chambre.

– Pourquoi agis-tu ainsi ? Tu sais fort bien que Boba a peur de la télé.

– Il faut qu'elle vive avec nous, Élise, non loin de nous. Et ce sont peut-être les images de son pays qui peuvent la guérir du mal de son pays. Je ne suis pas psychologue, mais je crois deviner que si nous la protégeons trop de son passé, elle ne s'intégrera pas rapidement à notre présent...

Il vint prendre place à côté de sa femme et il lui dit gravement:

– Élise, je dois te parler; j'ai besoin de tes conseils... J'étouffe ici et je ne me sens pas la force de quitter le Sénat ni d'y rester. Alors, aide-moi, veux-tu? Aide-moi. Je me sens si seul ici désormais, sans Renaud et Mathilde.

66

Ils ne sont pas rares, les élus, députés, ministres et même Premiers ministres, qui plusieurs fois dans l'année s'interrogent sur leur rôle au Parlement, sur leur fidélité à la ligne de leur parti, qui ne leur convient pas toujours, et sur leur efficacité. La politique est un monstre qui gruge les forces vives des politiciens avec tant de férocité que sans cesse ils doivent prouver leur capacité d'assumer les responsabilités que leur ont confiées leurs mandants. Et entre cette pléthore de discours et de promesses faits durant la campagne électorale, la séduction du pouvoir, et la réalité de tous les jours à la Chambre des communes, au caucus, au Sénat et à leur bureau de comté, il existe une telle différence que, quelques mois après leur victoire électorale, plusieurs se demandent: «Que diable suis-je venu faire dans cette galère?»

Les Granvert et les Lemurest, chacun de leur côté de l'océan qui les séparait en ces heures de réflexions difficiles et angoissantes, se posaient la même question. La tournée internationale du ministre des Affaires étrangères ne faisait pas les manchettes.

— On dirait, avait confié Philippe à son épouse la veille, que ce voyage est secret. Pourtant, un ministre de sa valeur ne passe pas inaperçu en pays étranger. Que lui arrive-t-il?

– Et surtout que nous arriverait-il, seuls ici, soupira Élise, sans véritables amis et conseillers, si Mathilde et Renaud décidaient, comme je commence à le soupçonner, de quitter la vie politique pour plonger dans une existence plus facile pour eux? Et leur appartement de Nice est assez confortable pour leur procurer une retraite toute de soleil et de sérénité.

La tournée des Lemurest, qui les avait conduits un peu partout en Europe, s'était avérée paisible, sans heurts et surtout, à la grande satisfaction de Renaud, sans journalistes à leurs trousses. «Le Premier ministre a eu raison de ne pas annoncer notre voyage et je lui en sais gré», confia-t-il à Mathilde qui, contrairement à son mari, avait connu des activités nombreuses, toutes liées à l'organisme Enfants sans Frontières. Dans les ambassades canadiennes de la plupart des capitales, on avait écouté avec grand intérêt les raisons exposées par Mathilde pour justifier l'existence de cette nouvelle organisation.

– Les lois canadiennes rendent difficile l'adoption d'enfants étrangers, nonobstant le fait que notre pays et la province de Québec comptent parmi les endroits où l'on adopte le plus d'enfants. Or, mon mari et moi avons visité tellement de pays dévastés par les guerres, les révolutions, les purifications ethniques, les tueries cruelles, que nous avons vu hélas des milliers d'enfants sans parents. Je me suis décidée avec une amie, l'épouse de l'ancien conseiller politique de mon mari quand il était diplomate, qui a adopté, grâce à Renaud, une petite fille de Sarajevo, de fonder cette association pour faciliter l'adoption de ces

enfants malheureux, affamés, traumatisés et qui trouve-
ront dans nos foyers le bonheur qui leur est dû. Nous
avons convenu, Élise Granvert et moi, d'ouvrir nos pays
à ces orphelins sans frontières parentales, pour que jamais les parents naturels ne puissent les réclamer. Chez
nous, il faut un simple coup de fil de la mère réelle pour
enlever l'enfant aux parents qui ont choisi de l'élever
dans l'amour et la générosité. De telles lois seront amen-
dées, je le souhaite, car enlever un enfant à des parents
qui l'ont vu grandir à leurs côtés cause des souffrances
intolérables qui selon moi ne devraient pas être autori-
sées.

Mathilde était convaincante et, partout où ils
s'étaient rendus, de la Côte-d'Ivoire à la Côte d'Azur, de
Genève à Bruxelles, de Paris à Oslo, tous les ambassadeurs du Canada en poste lui avaient promis qu'ils ouvri-
raient leurs bureaux à son organisme.

Renaud était stupéfait de l'aisance de Mathilde à expliquer un projet qui jusqu'ici lui était demeuré étranger,
trop emmêlé qu'il était dans ses propres difficultés politiques pour prêter une oreille attentive aux arguments de sa
femme. «Elle ferait une excellente ministre si moi, se
disait-il, je n'étais pas un trouble-fête...»

Mathilde devinait les angoisses de Renaud. Il avait
perdu beaucoup de son assurance mais nullement de sa
diplomatie innée. Partout où ils étaient reçus, Renaud
était entouré, écouté, visiblement respecté. Mais Mathilde le connaissait trop pour ne pas deviner que cette
tournée serait peut-être sa dernière. Renaud était toujours
poli, attentif, mais comme absent des réceptions qui
étaient préparées en leur honneur.

«Si le Premier ministre Lecarré m'autorise à m'occuper d'Enfants sans Frontières, je quitterai Ottawa sans déplaisir, sans tristesse. Jamais je n'ai réussi à me créer un cercle d'amies hormis les épouses des ambassadeurs, qui elles aussi, loin des réunions sociales aussi obligatoires qu'ennuyeuses, se languissaient de leurs pays d'origine. Mais, se répétait Mathilde tous les soirs, je ne dois en rien influencer Renaud. Je le devine trop désemparé pour forcer sa décision ou plutôt sa démission. Il pourrait la regretter quelques mois plus tard. Alors, se redisait-elle pour la centième fois, attendons les événements...»

67

Les événements auxquels ils firent face durant une semaine furent lourds de tensions, de drames, de bouleversements. Le jour convenu pour retourner à Ottawa, Renaud dit à Mathilde, sur un ton sans réplique:

— Ma chérie, prépare-toi au pire, car nous partons dans une heure pour Londres.

— Pour Londres? lui jeta-t-elle, stupéfaite. Pourquoi? Tu ne seras pas le bienvenu au royaume de Sa Majesté.

— Je connais le haut-commissaire. Il est fat, prétentieux, mais profondément canadien. Je discuterai avec lui franchement.

— Et de cette conversation dépendra notre avenir, Renaud?

— Oui. Mais je suis certain que cette décision, qu'elle soit positive ou négative, ne fera courir aucun risque à ton avenir ni à celui de ton organisme. Tu as jeté de bonnes bases et je te félicite pour la clarté des propos que tu as tenus devant tous ceux et celles qui nous ont reçus. Tu sais où tu veux aller, Mathilde; il me reste à le découvrir.

Une fois qu'ils furent installés dans leur suite au Park Lane Hotel, Renaud pria son attaché politique d'inviter le haut-commissaire, Hugh Wilden, à dîner avec Mathilde et lui.

— Tu ferais mieux de manger seul avec lui, Renaud, observa Mathilde.

— Non, car ta présence rendra notre conversation plus civilisée si je me suis à ce point trompé sur ce que devraient être les relations du Canada avec la Grande-Bretagne. Si j'en juge par la réaction de nos compatriotes, il me semble avoir trouvé la note juste, mais de la frapper à cet endroit fut injuste envers les membres et maladroit pour moi.

Quelques heures plus tard, ils étaient à table dans l'admirable salle à manger du Park Lane, et si Hugh Wilden était mécontent des propos du ministre des Affaires étrangères, envers lequel il manifestait une grande courtoisie, rien n'y paraissait. Renaud se décida donc à attaquer le sujet brûlant qui le paralysait depuis son discours devenu célèbre au Canada et fustigé par l'Empire Club de Toronto.

— Vous connaissez ce discours, monsieur le haut-commissaire. Vous a-t-il causé des ennuis ?

— Non, *Minister. Here, the royal family makes news because of its numerous marital difficulties.* Les affaires du Canada ne semblent pas passionner les paparazzi britanniques.

— Donc, ici, je ne fus pas critiqué ? Au Canada, par contre, je fus crucifié par la presse, mais non par l'opinion publique.

– À Londres, c'est l'opinion publique qui ose critiquer la reine, alors que nos tabloïds font leurs manchettes avec les histoires de couchette de ses enfants. *I am sorry for her, but please, Minister, this is confidential*, je souhaite devenir ambassadeur du Canada en Angleterre, *not a High Commissionner*. Je me sens déphasé par rapport à tous mes collègues ambassadeurs des autres pays.

– Vous me donnez raison? demanda Renaud, complètement ahuri.

– Non, répondit le haut-commissaire, mais je vous comprends. Cependant, l'Empire Club était-il le meilleur endroit pour enfin oser dire que le Canada devrait réclamer sa pleine et entière souveraineté? Les Australiens ont déjà commencé à préparer un référendum pour transformer leur pays en république.

– Non, soupira Renaud, et je l'ai compris, mais à quel prix!

– Mon mari songe à quitter la vie politique, fit Mathilde.

À ce moment, un garçon de table présenta, sur un plateau d'argent, une enveloppe au ministre. Celui-ci l'ouvrit, la parcourut rapidement et dit à Mathilde, la voix tremblante:

– Mathilde, notre ambassadeur à Paris et son épouse viennent d'être tués en pleine rue par une bombe qui sûrement ne leur était pas destinée...

– Ah! mon Dieu! fit Mathilde, au bord des larmes.

– Que puis-je faire pour vous aider, monsieur le ministre? demanda aussitôt le haut-commissaire. Mes bureaux, mon personnel et moi-même sommes à votre disposition.

– Je dois immédiatement téléphoner au Premier ministre et suivre ses instructions. Attendez-moi, je reviens tout de suite vous dire quelle sera la marche à suivre pour Mathilde et moi.

Il se leva et quitta rapidement la salle à manger.

68

Le Premier ministre, assis derrière son bureau de l'édifice Langevin, parcourait le journal français *Le Monde*. Il leva la tête et regarda le président de son parti en lui disant:

— Cette fois, notre distingué ministre des Affaires étrangères réussit à se faire oublier en Europe. Son voyage demeure un peu mystérieux.

— N'est-ce pas précisément, monsieur le Premier ministre, ce que vous lui avez conseillé la veille de son départ? demanda Robert Lefaivre. «Évitez, lui avez-vous dit devant moi, de faire parler de vous. Je souhaite mieux comprendre l'attitude de certains gouvernements devant le mien. Ne faites pas de vagues, Renaud...»

— Oui, vous avez raison, Robert, mais entre une discrétion de bon aloi et le silence total, il y a une marge, répondit le Premier ministre.

La sonnerie de son téléphone interrompit leur conversation. Le Premier ministre écouta, regarda Lefaivre avec étonnement et lui confia à mi-voix:

— Lemurest est en ligne depuis Londres.

Puis il enchaîna:

– Bonjour, Renaud; que se passe-t-il?

Il écouta et sursauta.

– Que dites-vous? Notre ambassadeur et sa femme tués par une bombe à Paris? Mais...

Il écouta de nouveau.

– Je vous fais confiance, Renaud, pour agir selon nos règles, avec votre courtoisie habituelle, et surtout pour exprimer notre indignation devant ce crime odieux.

Il écouta encore un moment.

– Oui, allez à Paris, prenez charge de notre ambassade et faites tout ce que vous feriez si vous étiez encore notre ambassadeur en France. Oui, tenez-moi au courant. Les Rouleau ont-ils de la famille au Canada? J'attends donc votre appel ce soir. Bonne chance, Renaud, et voyez à ce que la sécurité vous accompagne partout où vous devrez vous rendre avec votre épouse. J'ai besoin de vous, Renaud. Oublions le passé pour construire notre avenir collectif sur le plan international.

Il referma le téléphone, se leva, se tourna vers la fenêtre donnant sur la rue Wellington et murmura, la voix étouffée:

– Tués à Paris, par une bombe qui ne leur était pas destinée. Et dire que c'est moi qui lui ai offert ce haut poste. Robert, allez chercher mon attaché de presse; il faut immédiatement annoncer cette tragédie au pays. Mais demandez-lui de chercher à savoir si les Rouleau ont des enfants ou petits-enfants ici. Il ne faudrait tout de même pas ajouter à leur désarroi par notre empressement à informer nos compatriotes de cette horrible tragédie. Je vais téléphoner à Céline ; je ne veux pas que la presse lui apprenne cette triste nouvelle...

Robert Lefaivre se leva et quitta le bureau tandis que le Premier ministre demandait à sa secrétaire de téléphoner à sa femme.

69

Véronique avait téléphoné au président du Sénat à la demande de Philippe, qui venait de recevoir dans son bureau un appel de Renaud Lemurest le priant de venir avec Élise et Boba le rejoindre à Paris.

— Je suis débordé, lui avait-il dit, par des demandes, des visites. Une foule attend à la porte de l'ambassade pour signer le livre des condoléances. Les Français sont horrifiés par ce crime qui ne concerne pas le Canada. Je ne suis pas assez au courant des procédures funéraires, ici et ensuite à Ottawa, pour agir seul. Le personnel de l'ambassade est dans un tel état de choc que je ne sais vers qui me tourner...

— Je préviendrai tout de suite le Sénat de mon départ pour Paris et je demanderai une minute de silence à la mémoire de notre ambassadeur. Élise et moi serons à Paris demain. Le Premier ministre a téléphoné à l'ambassade pour prévenir qu'il déléguait à Orly son avion personnel pour ramener les corps de nos compatriotes. Logerons-nous à l'ambassade comme aux beaux jours d'autrefois ? Non ? Alors, je prierai Véronique de nous trouver des chambres près de notre ambassade. Bon courage, monsieur le ministre.

Il raccrocha le combiné et passa dans la pièce réservée à Véronique pour lui répéter ce qu'il venait de dire à Renaud Lemurest.

Deux heures plus tard, il se levait au Sénat en priant ses collègues de lui accorder leur attention pour quelques minutes. Il leur annonça, la voix blanche, le meurtre de l'ambassadeur du Canada et de sa femme dans une rue de Paris, et il demanda une minute de silence en hommage à ces deux personnes mortes inutilement et tragiquement.

Ensuite, il annonça son départ le soir même pour Paris, afin de venir en aide au ministre des Affaires étrangères à qui le Premier ministre, souligna-t-il, avait confié la garde de l'ambassade du Canada et le protocole des funérailles à Paris et ensuite à Ottawa. Et rapidement il quitta le Sénat.

Quand il fut de retour chez lui, Élise refusa tout net de l'accompagner.

Imagine, Philippe, lui dit-elle à voix basse, ce qui arriverait si une autre bombe devait éclater durant mon séjour avec Boba à Paris. Elle commence à peine à guérir, à grandir, à mûrir; pourquoi risquer de la voir revivre à Paris ce qu'elle commence enfin à oublier de son existence à Sarajevo? Dis à Mathilde ce que je viens de te dire et elle comprendra aussi.

Lorsque Boba fut couchée, Élise vint retrouver Philippe et lui dit:

— Hier, tu me disais ne plus savoir comment diriger ta carrière. N'est-ce pas étrange que le meurtre abominable de nos deux compatriotes te ramène pour quelques jours à notre ambassade? Si seulement, lui dit-elle en souriant, nous pouvions y demeurer, comme autrefois. Moi non plus, Philippe, je ne suis pas heureuse ici. Boba m'apporte de la joie, et toi aussi, mon Philippe, mais je ne connais rien de la vraie réalité de cette ville si froide et si indifférente où nous sommes demeurés des étrangers aux yeux de nos compatriotes.

– Et de mes collègues du Sénat. Aucun jusqu'ici ne m'a manifesté autre chose qu'une politesse glaciale et personne ne m'invite jamais à déjeuner ou à dîner. Laissons aller les choses, Élise. Comme toi, je reviendrais volontiers à une carrière plus humble, et qui sait ce qui m'attend à Paris...?

Malgré les pressions exercées sur le ministre des Affaires étrangères, redevenu pour quelques jours ambassadeur du Canada à Paris, Renaud Lemurest, redoutant l'explosion d'une autre bombe, décida que les dépouilles du diplomate canadien et de sa femme ne seraient pas exposées en chapelle ardente en France. Néanmoins, Philippe et lui invitèrent quelques membres du gouvernement français à venir s'incliner devant les deux cercueils recouverts du drapeau canadien à l'aéroport d'Orly, où se poserait le lendemain l'avion du Premier ministre pour ramener la plupart des attachés et conseillers de l'ambassade, Philippe Granvert ainsi que Renaud et Mathilde qui ne cessait de répéter, la voix enrouée :

– Renaud, ce couple aurait pu être nous, si tu n'avais pas accepté le défi que le Premier ministre t'a offert à notre départ de cette ambassade.

Le couple Lecarré accueillerait les dépouilles à l'aéroport de la capitale, et les conseillers du ministère des Affaires étrangères promirent au ministre une garde d'honneur, des ministres et des diplomates, et une cérémonie religieuse à la cathédrale d'Ottawa. La presse canadienne avait relaté tous les événements tragiques de Paris, et pour une fois les journaux et la télévision de France en firent autant. Le drapeau canadien était en berne sur le toit de l'ambassade canadienne, et Renaud et Philippe furent rapidement informés que plusieurs ambassades de pays amis avaient également descendu leurs drapeaux à mi-mât.

La plupart des membres du gouvernement Juppé avaient signé le livre des condoléances, et Renaud, au fait que les relations entre la France et le Canada, pour être polies et cordiales, logeaient sous les mots «non-indifférence et non-ingérence», n'en demandait pas plus. Donc, lorsque, le lendemain matin, tôt pour ne pas rameuter la foule, les deux corbillards, suivis de voitures pour le ministre et son épouse, le sénateur Granvert et la secrétaire personnelle du diplomate tué par une explosion qui hélas se répétait dans maints quartiers de Paris, arrivèrent sur la piste de l'aéroport d'Orly, Renaud fut agréablement surpris de découvrir la garde républicaine, au garde-à-vous, de chaque côté du tapis rouge qui menait à l'avion du Premier ministre, et il sursauta en constatant que le président de la République l'attendait, entouré de diplomates et de la plupart des membres de son gouvernement. Lorsque les deux cercueils furent déposés devant la rampe de l'avion, la sonnerie aux morts éclata dans le silence douloureux de tous ceux qui étaient venus rendre hommage aux deux victimes et de ce fait au Canada.

Le ministre des Affaires étrangères, suivi de près par Mathilde incapable de retenir ses larmes, serra la main de tous, et, sans plus s'attarder, ils montèrent dans l'avion derrière le personnel de l'ambassade. Autant la France avait été à la hauteur du drame dont le Canada, à travers son ambassadeur et sa femme, était victime, et tenait à signifier son horreur de ce crime, autant, par contre, Renaud Lemurest était conscient du danger de ce rassemblement des plus hauts membres du gouvernement français.

L'avion décolla rapidement, et tous, à l'aéroport comme à bord de l'avion du Premier ministre, poussèrent un soupir de soulagement. La France était aussi en deuil d'une quinzaine de ses citoyens, tués par la même bombe, et personne dans l'avion n'était demeuré insensible à cet hommage inusité de la part du gouvernement français et surtout du président de la République.

Et maintenant il leur fallait se préparer aux cérémonies officielles qui auraient lieu dans la capitale canadienne.

Durant le vol de retour, Renaud et Mathilde s'occupèrent des dix membres de l'ambassade qui avaient tenu à accompagner les dépouilles dans leur pays. Mieux que Renaud, Mathilde savait trouver les mots consolateurs, les paroles apaisantes. Tous les attachés de l'ambassadeur lui étaient loyaux, même si Mathilde devinait que le chagrin de l'un ne rejoignait pas toujours la peine de l'autre. Plusieurs avaient servi Lemurest à Paris et la plupart en avaient alors voulu au Premier ministre de l'avoir rappelé au pays, sans vraiment comprendre ses raisons. Une fois qu'ils avaient appris que leur ambassadeur était devenu ministre des Affaires étrangères, ils s'étaient réjouis de sa promotion, mais avaient eu beaucoup de misère à s'adapter au style un peu plus cavalier du nouvel ambassadeur Rouleau. Il avait en peu de temps acquis la réputation de chercher à séduire ses secrétaires, attachées de presse, etc. Tous, en souvenir de la courtoisie innée de Lemurest, avaient décidé de se taire, de ne pas porter plainte contre le harcèlement sexuel dont plusieurs employées étaient victimes. Mais depuis ces assassinats insensés, chacun se posait des questions. Mathilde aussi. Et elle se fit un point d'honneur de leur répéter :

– Il s'en est fallu de peu pour que Renaud et moi n'ayons été les victimes de cette bombe de malheur. Nous vous avons quittés il y a deux ans, et depuis deux ans nous nous promenons à travers le monde. Renaud voyage à la demande du Premier ministre, qui lui fait entièrement confiance, et je l'accompagne pour établir des ponts entre nos ambassades afin d'ouvrir au monde notre organisme Enfants sans Frontières.

Dès que Philippe entendait ou surprenait les conversations amicales de Mathilde, il allait la rejoindre pour raconter l'histoire de Boba.

Le vol fut apaisant pour tous, et dès que le pilote les pria de regagner leurs sièges et d'attacher leurs ceintures de sécurité, Renaud et Mathilde observèrent à quel point le personnel de l'ambassade soignait sa toilette ; cheveux, habits, cravates, décorations pour quelques-uns, tout fut inspecté par Philippe, qui leur rappela que sans doute une cérémonie, à la fois militaire et diplomatique, les attendait à Upland, à quelques kilomètres de l'aéroport international. Le pilote les prévint que le gouverneur général, le Premier ministre et les ambassadeurs en poste à Ottawa attendaient l'atterrissage de l'avion. Un silence écrasant se fit dans la carlingue.

Que se passerait-il à Ottawa ? Renaud et Mathilde étaient tendus, nerveux, fatigués, et Philippe aussi.

72

Le Tout-Ottawa politique et diplomatique était sur un pied de guerre. La mort de l'ambassadeur Rouleau et de sa femme avait profondément choqué les Canadiens. Les gens étaient donc venus de tous les coins du Canada pour rendre hommage à ce couple que la plupart ne connaissaient pas mais dont la mort les avait scandalisés.

Au bureau du Premier ministre, l'humeur était divisée entre ceux qui s'occupaient de veiller au décorum de la cérémonie qui aurait lieu à l'arrivée de l'avion contenant les deux cercueils, et ceux qui, au sein de l'entourage du Premier ministre, se sentaient vaguement coupables. Parmi ceux-ci, Alain Lecarré ne parvenait pas à se pardonner d'avoir imposé le retour des Lemurest pour installer à l'ambassade de Paris le couple Rouleau, à qui il ne faisait guère confiance. Mais, ayant besoin de la candidature de Lemurest au poste de ministre des Affaires étrangères, il ne s'était fait aucun scrupule de nommer à Paris un homme qui ne savait de la diplomatie que ce que sa fortune d'industriel richissime lui avait appris. Sa mort et celle de son épouse le hantaient.

– Je suis responsable, dit-il à son chef de cabinet le matin de l'arrivée à Ottawa de son avion personnel contenant les deux corps et le personnel de l'ambassade. S'il y a une seule erreur durant les cérémonies d'accueil, la mise en place des deux cercueils au sein du hall d'honneur du Parlement et durant les funérailles, vous aurez à justifier vos faiblesses de conduite devant moi.

«Il se venge sur nous de ses remords», avait conclu son chef de cabinet, cependant fort conscient du chagrin du Premier ministre, rempli de compassion envers les Rouleau.

«Pourquoi, se demandait le Premier ministre, la plupart de nos soldats et quelques-uns de nos diplomates meurent-ils presque toujours en terre étrangère et jamais dans ce pays qui n'a connu ni guerres civiles, ni révolutions, ni tueries collectives? Est-ce mourir pour et dans leur pays qui cimente tous les citoyens entre eux et les rend enfin solidaires les uns des autres?»

Dans l'avion, vingt minutes avant l'atterrissage, Philippe alla retrouver le ministre Lemurest, qui se changeait de complet, de cravate et de chemise. Renaud ne cessait de répéter à Mathilde:

– Nous aurions très bien pu être les victimes de ce crime insensé.

Lorsque l'avion s'immobilisa sur la piste, Mathilde et Renaud durent les premiers emprunter la passerelle vers le tapis rouge au bout duquel attendaient tous les officiels de la capitale. Mais, comme Philippe, ils eurent une énorme surprise. Entre le Premier ministre et sa femme, derrière lesquels se trouvait la foule entourant les membres du gouvernement, se tenait une petite fille, béret bleu sur la tête, droite et belle dans sa tristesse évidente à tous les témoins venus à l'aéroport rendre hommage aux Rouleau.

– Monsieur le ministre, regardez, dit alors Philippe en tendant la main vers les Lecarré. Regardez, c'est Boba.

«Oh! mon Élise, que de tact, de tendresse et de doigté tu as!», se dit-il.

À ce moment précis, tout le monde s'immobilisa. L'hymne national du Canada retentit. Des soldats sortirent de l'arrière de l'avion les deux cercueils, enveloppés dans deux unifoliés.

Philippe nota que sa Boba, la main sur son béret, saluait, avec les militaires, deux autres morts dont elle ne connaissait pas l'histoire mais dont évidemment elle savait l'horrible fin.

73

Le silence pesait sur l'assistance. Seuls les officiers militaires hurlaient leurs ordres. Céline, tout à coup, se pencha vers Boba, qui visiblement lui tirait la main. Élise s'avança, mais s'immobilisa, bouleversée, voyant Boba quitter le couple Lecarré pour s'avancer doucement vers les deux cercueils, regardant à droite et à gauche, visiblement en quête de quelqu'un. Tout le monde retenait son souffle. Céline s'approcha avec Élise à quelques pas de Boba. Celle-ci marcha vers les deux cercueils, posa sa main sur chacun, puis, enlevant son béret bleu, elle le posa sur le premier. Au moment où elle se retournait, un jeune soldat lui tendit le sien. Elle lui sourit, prit le béret, le plaça sur le second cercueil et dit à voix haute :

– *Mama* et *Tata*.

La foule était sidérée. Plusieurs pleuraient sans se cacher. Les soldats au garde-à-vous de chaque côté du tapis rouge tendu devant l'avion et se déroulant jusqu'au Premier ministre et sa femme, dans une émotion commune, saluèrent, non les cercueils, mais la petite Boba, qui, en larmes, répétait à haute voix, en désignant les cercueils :

– *Mama* et *Tata*.

Elle fit un petit salut, toucha une seconde fois les deux cercueils et marcha, droite et fière, vers Élise qui lui tendait les bras.

Le geste de Boba avait bouleversé le pays.

Renaud, retenant avec difficulté son émotion, tenta de parler; le Premier ministre fit non de la tête, et doucement, avec son épouse, Élise et Boba, il marcha vers sa voiture. Boba avait, sans le savoir, tout dit.

74

Dans la vie politique comme dans notre quotidien encombré par les problèmes de chômage, de récession, de crises ministérielles, les semaines passent, les choses se calment, les élus et les déçus retrouvent leur sérénité. La presse, subitement sans scandales à observer, à scruter, à analyser ou à inventer, recommença à chercher ce qui allait ou n'allait pas au sein du gouvernement et des partis d'opposition. Le gouvernement Lecarré avait repris son souffle et ses ministres commençaient enfin à respirer devant le calme inusité qui régnait sur la colline parlementaire. Mais, en leur âme et conscience, certains ministres, dont Renaud Lemurest, et un sénateur, Philippe Granvert, remettaient en cause leurs responsabilités. Chacun se savait à l'étroit dans des fonctions qui ne lui convenaient plus. Renaud, le soir de la mort insensée de l'ambassadeur du Canada en France et de son épouse, avait vite compris combien son travail de diplomate lui manquait.

Par contre, Philippe, conscient que le monde sombrait quotidiennement dans les crimes, les attentats, les guerres civiles, se demandait avec angoisse chaque soir, en constatant le sérieux de Boba qui commençait à s'amuser mais toujours avec une certaine réticence: «Qu'est-ce que je fais de ma vie?»

— On dirait, confia-t-il à Élise, qu'elle s'en veut de la joie qu'elle commence enfin à découvrir ici. Alors que moi, soupira-t-il, je m'en veux de perdre mon temps dans un Sénat dont je ne comprends plus la raison d'être...

Les deux hommes décidèrent de déjeuner ensemble chaque fois qu'il leur serait possible de le faire, et comme ni l'un ni l'autre n'avait réussi à se créer un cercle d'amis au sein du cabinet ou du Sénat, le soir les retrouvait tous les quatre au restaurant, à leurs clubs ou à leur résidence, conscients qu'ils pouvaient alors dire les choses, exprimer leurs sentiments tels qu'ils et qu'elles les ressentaient.

Élise et Mathilde, sans rien révéler de leur désarroi, devinaient le malaise de leurs maris. Elles savaient toutes deux qu'elles non plus n'arrivaient pas à se tailler une place dans une capitale au sein de laquelle les femmes ne comptent guère. Par contre, Mathilde était renversée de la popularité de leur organisme Enfants sans Frontières. De tous les coins du pays leur arrivaient des demandes d'adoption d'enfants privés de parents, et, avec l'assentiment du chef du parti du Premier ministre, un petit bureau fut mis au service de cette correspondance que ni Mathilde ni Élise n'arrivaient à tenir à jour. Autant toutes deux souhaitaient un changement de vie, autant elles s'interrogeaient sur ce qu'il adviendrait d'Enfants sans Frontières le jour où Philippe et Renaud prendraient la décision de quitter la vie politique. Mais, se demandaient-elles lorsqu'elles se retrouvaient face à face, pour aller où et pour faire quoi?

75

Depuis une semaine, le Premier ministre Lecarré, accompagné des ministres des Finances et de l'ACDI, était en tournée mondiale. Le pays connaissait sa pire année de récession, et l'économie était en crise.

– Je ne comprends vraiment pas pourquoi je fus délibérément exclu de ce voyage, confia Renaud à Philippe, avec qui il déjeunait ce jour-là au Club Rideau. À titre de ministre des Affaires étrangères, ma place était à ses côtés. De plus en plus, je me découvre au vestiaire du bureau du Premier ministre. Je paie sans doute mon franc-parler au sujet de nos relations avec la Grande-Bretagne, mais je ne regrette pas mes propos, simplement mon absence de tact en les ayant tenus devant l'Empire Club de Toronto.

– Et pourtant, répondit Philippe, le haut-commissaire à Londres ne semblait pas vous en tenir rigueur.

– Les Britanniques ont toujours été plus ouverts avec nous que nos compatriotes, agrippés à une monarchie qui risque de s'éteindre avec l'actuelle reine, qui a toujours été, je le reconnais, d'une parfaite ouverture d'esprit avec nous, allant même parfois jusqu'à soutenir certaines aspirations de nos amis du Québec contre l'avis de quelques-uns de nos chefs d'État. Mais en ce moment, Philippe, le monde entier est en crise, et l'histoire nous enseigne qu'à chaque fois que la terre change de siècle, elle nous secoue, nous inonde, enflamme nos villes et nos forêts, déclenche chez les humains des maladies comme la tuberculose jadis, le sida et le cancer à notre époque. Clairement, elle nous dit: «Je ne peux plus vous nourrir tous puisque vous spoliez votre environnement, mutilez les grands espaces, plantez vos villes là où des potagers et des jardins pourraient nourrir les affamés. Alors, je vous secoue.» Et elle le fait, poursuivit Renaud en souriant. Je suis frappé par ce qui se passe partout dans le monde et particulièrement dans des régions, des villes qui connaissaient jusqu'à il y a à peine dix ans une relative sécurité.

Philippe acquiesça et les deux hommes retournèrent à leurs travaux quotidiens. Pourtant Renaud ne cessait de réfléchir au voyage du Premier ministre, à son isolement au sein de son ministère et à la certitude qui montait en lui que sa place n'était plus au sein du gouvernement Lecarré. La mort du couple Rouleau, que pourtant il ne connaissait pas, lui avait laissé une impression de culpabilité, de remords dont il ne parvenait pas à se départir. Pourquoi eux?

— Ils m'ont remplacé à notre ambassade en France pour permettre au Premier ministre de me planter au cabinet afin de remplir l'espace vide sur le plan de sa politique étrangère, et depuis que je suis en poste, il me jalouse, me surveille, se réjouit de mes bévues et craint qu'un jour j'entre en lice pour prendre sa relève, confia-t-il ce soir-là à Mathilde qui, toute à son travail pour l'organisme Enfants sans Frontières, n'était guère attentive aux lamentations de son mari.

Celui-ci comprit facilement le peu d'intérêt de Mathilde pour ses regrets, ses colères, ses frustrations. Il savait que, depuis les funérailles du couple Rouleau, la tête de Boba sur des affiches avait attiré à Enfants sans Frontières des milliers de dollars, des centaines de demandes d'adoption. Mathilde, trop seule pour répondre à tous les messages qui lui parvenaient de plusieurs pays, montrait une fatigue évidente qui ne manquait pas d'inquiéter Renaud.

– Élise, lui dit-elle, ne peut abandonner Boba tous les jours, et elle ne lui semble pas encore suffisamment adaptée à notre vie canadienne pour fréquenter, comme elle devrait le faire, l'école française. Donc, je ne peux compter sur elle et nous n'avons pas encore les moyens d'engager une ou deux secrétaires pour nous seconder.

– Veux-tu que j'essaie d'en parler au président de notre parti ? Il m'a conservé toute sa confiance et...

– Non, fit aussitôt Mathilde. Nous avons construit notre organisme sans implication politique, et à elle seule Boba, surtout depuis sa participation spontanée aux cérémonies à la mémoire des Rouleau, est notre meilleure publiciste. Puisque le Premier ministre t'isole, comme tu dis, je ne veux rien lui devoir. Mais si tant de gens nous font confiance et admirent le but d'Enfants sans Frontières, je suis certaine que bientôt quelque chose arrivera pour nous permettre de faire face à nos obligations. Mais je suis inquiète de toi, Renaud, car si je te semble un peu lointaine en ce moment, je ne suis pas sans comprendre ton isolement et cela me fait peur.

— Pourquoi ? demanda Renaud en se rendant à table à ses côtés.

— Parce que je pressens que dans quelques semaines tu remettras ta démission au Premier ministre. Alors, que ferons-nous et surtout comment administrerons-nous Enfants sans Frontières ?

— Si jamais je pars ailleurs, tu resteras ici, Mathilde.

— Tu crois vraiment, Renaud, que je pourrais vivre sans toi ?

Renaud la regarda, soudainement ému.

— Moi non plus, Mathilde, je serais incapable de me couper de toi.

— Mais alors ? demanda Mathilde en plaçant une soupière fumante sur la table.

Renaud poussa un soupir, prit la louche et versa le potage dans le bol de Mathilde.

— Alors, je continue...

— Moi aussi, fit-elle, mais je ne suis pas rassurée. Je ne te veux pas malheureux, mais en pleine possession de tous tes talents.

— Ils servent à quoi dans cette capitale où seul le pouvoir préoccupe les élus et dévore les déçus ?

76

À la une, tous les quotidiens de la capitale avaient annoncé, ce matin-là, le départ imminent du Premier ministre et d'un groupe d'hommes d'affaires importants, accompagnés du ministre du Commerce et de celui des Communications, pour une visite de dix jours aux États-Unis.

– Encore une fois, grondait Renaud devant ses attachés et conseillers, nous sommes mis de côté. Si de tels écarts à la simple logique politique devaient se répéter, alors, je quitterai le gouvernement. Je me sens encore assez de vitalité intellectuelle et de connaissances des relations de notre pays avec certains autres pour ne pas joindre les rangs de tous les laissés-pour-compte de la vie politique.

Philippe Granvert, qui avait assisté à des combats de coqs au Sénat, se demandait lui aussi comment quitter cette enceinte de partisannerie cruelle et en même temps infantile. Pour l'instant, il continuait de vivre et de survivre en laissant au vestiaire du Parlement ses ambitions personnelles et surtout ses frustrations. Chez lui, le bonheur demeurait quotidien. Plus les mois passaient, plus Boba prenait sa dimension d'adolescente, se mêlant sans crainte à des compagnes qui l'entouraient au lycée où elle se rendait tous les jours. Elle en était venue à regarder la télévision, et si des reportages lui montraient Sarajevo ou d'autres villes dévastées de son pays d'origine, elle se raidissait, mais ne pleurait plus.

«Elle guérit lentement de la perte de ses parents et de son départ de la Bosnie-Herzégovine, qui, à l'aide des États-Unis et de la France, commence à connaître des espoirs de paix», songeait Mathilde. Mais bien que les Granvert voulussent s'associer à la guérison de Boba, eux non plus ne se sentaient pas *at home* dans cette capitale de rumeurs, de potins, de gaspillage de temps et d'argent. Pas plus que leurs seuls amis, Mathilde et Renaud Lemurest, ils ne savaient comment orienter leur vie de tous les jours.

– Je suis trop jeune pour m'encroûter dans ce Sénat qui compte des femmes et des hommes merveilleusement doués pour étudier les lois, confiait Philippe à Élise. Les sénateurs compétents sont engloutis dans le flot de partisannerie déversé par les autres sur leurs débats, questions et discussions. Moi, je ne peux vivre dans ce climat. Pourtant, je suis encore trop jeune pour prendre ma retraite et pas assez fortuné pour vous donner, à Boba et à toi, toute la sécurité dont vous avez besoin.

De son côté, Renaud se disait: «Je suis trop âgé pour perdre le peu de temps qu'il me reste pour bien fonctionner intellectuellement et politiquement à attendre dans mon bureau que le Premier ministre se souvienne qu'il a brisé ma carrière diplomatique. Il m'a imposé l'uniforme d'un ministre dont visiblement il ne sait que faire.» Ses conseillers étaient inquiets de constater que le ministre pouvait, d'un moment à l'autre, quitter le ministère. Il n'est jamais facile à un nouveau venu en politique de se fondre dans l'entourage de son cabinet ou de son bureau, et toujours plus difficile pour les employés de la fonction publique de se mettre au diapason de celui qui les dirige. La tradition veut que, dans la plupart des fonctions ministérielles, le sous-ministre ait presque toujours plus d'influence sur le ministre que ce ministre sur le cabinet. Or, Renaud Lemurest entendait conduire lui-même les affaires étrangères et il supportait aussi mal le silence du Premier ministre à son endroit que les conseils feutrés des conseillers politiques de son ministère.

Chaque fois que Philippe et Renaud se rencontraient, ce qui devenait de plus en plus fréquent, ils se confiaient leurs inquiétudes respectives. Le fait que Philippe soit devenu sénateur lui permettait une plus grande familiarité avec son ancien patron et Renaud trouvait enfin un ami à qui raconter ses déboires. Les deux hommes étaient malheureux, mal dans leur peau, et ni l'un ni l'autre ne savait comment se sortir de l'impasse dans laquelle son engagement politique l'avait plongé.

– Je finirai bien par acquérir le courage de parler au président du Sénat, disait Philippe.

– Et moi, ripostait Renaud, de demander un rendez-vous au Premier ministre.

77

Les trois ministres, celui de la Défense, celle du Commerce et celui du Revenu, observaient Renaud Lemurest dînant avec Philippe Grandvert, à quelques tables de la leur, au *Parlementaire*. Depuis le départ d'Alain Lecarré et de ses amis industriels et financiers pour les États-Unis, ils avaient compris la colère glaciale mais toujours polie du ministre des Affaires étrangères et se demandaient si leur collègue allait remettre sa démission au cabinet.

— Je le comprends, dit Brendan Channing, de la Défense. Il ne mérite pas de se voir mis de côté.

— Le Premier ministre s'empare de plus en plus de nos dossiers, admit Francine Germain, du Commerce. Moi aussi, j'aurais dû accompagner le Premier ministre. À quoi sert un ministre du Commerce s'il est tenu loin des ententes commerciales qui seront conclues avec les États-Unis ces jours-ci ?

— Le Premier ministre est un homme bizarre, remarqua Raymond Daviau. Je le comprends de moins en moins et je ne suis pas certain de me représenter à ses côtés dans deux ans lors des prochaines élections. S'il veut occuper tous nos dossiers, alors qu'il se débrouille seul. Je ne suis pas heureux au ministère du Revenu, puisque je ne suis jamais consulté par Lecarré, mais mis au fait de ses décisions une fois celles-ci adoptées. À voir la tête du sénateur Granvert, lui non plus ne paraît guère heureux depuis qu'il siège au Sénat. Cette fichue institution démodée, déphasée, qui pue le patronage, devrait être repensée ou abolie. Les sénateurs, à mon avis, devraient être nommés à soixante ans et quitter le Sénat à soixante-dix ans. De cette façon, des femmes et des hommes nouveaux pourraient se succéder, donnant ainsi à cette institution le prestige qui lui manque en ce moment. Mais lorsque je constate que certains sénateurs sont en poste depuis dix ou quinze ans et que jamais ils ne doivent solliciter la confiance des électeurs, je me sens révolté.

– Moi aussi, fit Channing. Mais dans le cas de Lemurest, ma sympathie et ma confiance lui sont acquises. L'homme a de la classe, et il est respecté partout dans le monde.

– Respecté partout sauf ici, fit alors Francine Germain. Il regarde de haut toutes celles et tous ceux qui souhaiteraient lui parler, et je me demande s'il ne voudrait pas que nous, ses collègues, l'appelions «Votre Excellence» chaque fois qu'il daigne assister à une séance du cabinet.

– Qui sont de plus en plus rares, soupira Channing. Lecarré va même, depuis les récents accords de Bosnie-Herzégovine qui ramènent enfin un semblant de paix dans ce pays mutilé, discuter de nos troupes avec le général en chef, et ensuite celui-ci me fait part des décisions du gouvernement.

— Je me demande ce qui se passe dans la tête du Premier ministre, dit Francine Germain. Avant, il prenait des jours pour décider quoi que ce soit, ce qui rendait l'opposition agressive à notre endroit. Maintenant, il décide tout et oublie de nous tenir au courant de ses volontés. Moi, je pense, messieurs, que dans quelques jours nous apprendrons le départ de Lemurest et celui de Philippe Granvert. Les deux hommes, disent certains de nos collègues à la Chambre des communes et au Sénat, regretteraient d'avoir accepté les offres du Premier ministre, et tous deux, toujours selon mon adjointe qui tient ces rumeurs de l'adjoint de Granvert, souhaiteraient retourner en diplomatie. Mais s'ils abandonnent le gouvernement Lecarré, le Premier ministre les abandonnera lui aussi, conclut-elle en demandant l'addition à la fille de table.

Renaud et Granvert se sentaient observés et ils faisaient tous deux mine de causer ensemble avec un rien de gaieté. Mais Renaud savait que la plupart de ses collègues comprenaient son désarroi, même s'il ignorait comment se faire des alliés parmi les membres du cabinet. Les deux hommes cherchaient une solution à leur malaise.

— J'étouffe ici, murmura Philippe.

— Moi aussi, et en ce moment, je le reconnais, répliqua Renaud, j'enrage. Pourquoi le Premier ministre me traite-t-il ainsi? Pensez-vous, Philippe, qu'il cherche à forcer ma démission?

— Il faudrait essayer de le savoir. Car si vous quittez le cabinet, je vous suis...

— Et Boba, et Élise?

— Et Mathilde, et leur organisme? rétorqua Philippe.

— Si nous commencions tous deux, Philippe, à rencontrer en privé certains de nos ex-amis dans les ambassades, peut-être découvririons-nous que de nouvelles responsabilités diplomatiques nous attendent. Il ne suffit pas de vouloir quitter le gouvernement, encore nous faudrait-il apprendre comment le faire sans trop lui porter ombrage. Je suis déçu de Lecarré, comme il l'est sans doute de moi, mais je ne souhaite pas lui faire du tort. Sa popularité dans les sondages n'est pas très grande, et, entre vous et moi, Philippe, rien ne nous obligeait à accepter nos nominations.

Les deux hommes se hâtèrent de terminer leur dîner, car la Chambre et le Sénat siégeaient à vingt heures ce soir-là. Ils se rendirent à la caisse, suivis des trois ministres qui se demandaient comment ils allaient agir envers Lemurest.

— Maudite politique! dit Renaud à Philippe en le quittant pour se rendre à son bureau du Parlement.

78

Renaud, pour la première fois depuis près d'un mois, alla à son bureau de comté. La secrétaire, Jackie Verlot, de plus en plus importante pour les électeurs de Blanc-Mouton à mesure que ceux-ci commençaient à oublier le visage de leur député, le reçut poliment mais sans enthousiasme. Renaud le comprit moins de dix minutes après son arrivée.

— Vous m'en voulez de mes absences, Jackie, n'est-ce pas ?

— Moi non, même si mon salaire ne suffit pas à me procurer tout ce dont j'ai besoin à la maison. C'est pourquoi je travaille presque tous les soirs.

— Mais pourquoi ne pas m'avoir parlé de vos difficultés ? Comment aurais-je pu les deviner ?

— Comment, en effet ? répondit-elle ironiquement.

— Le sénateur Granvert venait souvent à ce bureau ?

— Avant d'entrer au Sénat, oui, répondit-elle, mais depuis il serait mal vu des électeurs s'il se mêlait de politique active. Moins un sénateur est vu ou entendu hors de la Chambre rouge, plus il est apprécié.

Renaud la regarda, aperçut sur une table une pile de dossiers et demanda, un peu brusquement:

— Pourquoi ne me téléphonez-vous jamais?

— Parce que votre secrétaire est toujours trop occupée pour répondre à mes demandes.

— De quelle nature sont-elles? fit Renaud en se plaçant derrière le bureau qui, de toute évidence, était devenu la propriété de Jackie Verlot. Je prends votre place? s'enquit-il.

— Vous occupez enfin la vôtre, monsieur le ministre, lui jeta-t-elle en quittant la pièce.

Renaud s'assit derrière le bureau, ouvrit quelques dossiers, hocha la tête et, se levant, alla rejoindre Jackie.

Il approcha une chaise de sa table de travail et lui dit doucement:

— Jackie, je vous demande pardon de ne pas être venu plus souvent dans mon comté, mais j'ai dû voyager en Europe, en Asie et en Afrique. Vous êtes victime, et je le serai sans doute aux prochaines élections, des responsabilités d'un ministre dont le travail consiste à voyager hors du pays pour comprendre si notre politique étrangère est conforme à nos politiques intérieures. Plusieurs de mes collègues craignent autant que moi d'être battus aux prochaines élections, parce que les exigences de leurs fonctions sont aussi très accaparantes. Il faudra un jour que le gouvernement dote un ministre d'un député à plein temps dans le comté, ou alors, ajouta-t-il précipitamment en voyant le visage fermé de sa secrétaire, que la personne qui dirige son bureau soit habilitée à prendre les décisions nécessaires sans l'aval de son député, surtout quand celui-ci est membre du cabinet.

Jackie le regarda, soudainement avec plus d'amitié. La sincérité du ministre l'avait amadouée.

— Je comprends vos limites de temps, monsieur le ministre, lui expliqua-t-elle, mais vos électeurs vous pardonnent mal vos absences. Je fais de mon mieux pour les leur expliquer, mais je ne suis pas autorisée à répondre aux attentes que vous avez suscitées chez eux durant votre campagne.

— Pourquoi pas? Je vous fais entièrement confiance, vous savez.

— Non, monsieur le ministre, je ne le sais pas, et les employés de votre ministère non plus. Heureusement, j'ai un ami au sein du cabinet Lecarré et plus d'une fois il a ouvert vos dossiers, accédé aux demandes de vos électeurs et aux miennes...

Renaud regarda Jackie; soudainement, il se rendit compte de sa beauté, de ses charmes.

— Vous êtes mariée, Jackie? demanda-t-il un peu timidement.

— Divorcée, oui, avec une fille de douze ans qui fréquente le lycée Claudel à Ottawa, et qui par conséquent me coûte très cher. Mais je tiens à ce que ma fille possède une langue et une culture françaises impeccables.

— En avez-vous parlé à Mathilde? Sûrement qu'elle m'aurait refilé vos messages et surtout fait part de vos difficultés financières.

— Mais, monsieur le ministre, répondit Jackie, jamais je n'ai vu Mme Lemurest à Bergerville. Malgré tout, mes concitoyens éprouvent une grande admiration pour elle. L'organisme qu'elle a fondé fait l'admiration de tous ici, et, sachant ses responsabilités, je n'ai pas osé la déranger en lui imposant les miennes.

Renaud se leva, la regarda attentivement et lui demanda craintivement :

– Jackie, voulez-vous abandonner ce bureau ?

– Non, mais si je devais y demeurer seule encore longtemps, je devrai vous quitter, monsieur le ministre. Je ne veux plus consacrer mes soirées à votre service alors que Josette a besoin de moi à la maison.

– Bon, fit alors le ministre, fermons ce bureau pour aujourd'hui. Je vous invite à déjeuner et nous discuterons du travail, de vos responsabilités envers moi comme des miennes envers vous. Quel est le meilleur restaurant de Bergerville ?

– *L'Agneau*, justement, monsieur, mais nous n'irons sûrement pas là.

– Pourquoi, puisque je vous invite ?

– Parce que vous êtes si rarement dans votre comté que vous seriez bien avisé d'être vu et reconnu dans un restaurant plus populaire et surtout plus accessible aux portefeuilles de vos électeurs.

– En connaissez-vous un où on mange bien ?

Jackie éclata de rire.

– Non, monsieur le ministre ; mais à midi, l'important n'est pas de manger mais d'être vu, reconnu et mieux perçu.

– Bon, je vous suis, dit-il en riant. Mais si, vers dix-huit heures, nous avons faim, je vous emmènerai dans un des meilleurs restaurants d'Ottawa, car pour moi aussi, madame Verlot, il serait très flatteur d'être vu en votre compagnie.

Ils quittèrent le bureau du comté de Blanc-Mouton, soudainement plus heureux, plus détendus.

La limousine du ministre les attendait et le chauffeur les conduisit, l'air étonné, au restaurant du coin. Il demanda alors au ministre à quelle heure il devait venir le chercher.

– Je vous téléphonerai sur votre cellulaire, Victor. Mme Verlot et moi ne sommes pas pressés, d'autant plus que nous avons des tas de choses à discuter.

Renaud regarda le restaurant en hochant la tête, mais suivit Jackie en tentant de garder le visage souriant.

79

Le lendemain matin, le ministre Lemurest avait convoqué dans son bureau Sylvie, son attachée de presse, et Margot, sa secrétaire privée.

– Assoyez-vous, leur dit-il en souriant, j'ai besoin de vos conseils. Mais, Margot, prévenez la standardiste que je ne prendrai aucun appel, sauf si ma femme ou le Premier ministre me téléphonaient.

Margot sortit et revint quelques secondes plus tard.

– Hier, leur dit-il, je me suis rendu à mon bureau de comté. Il était temps. Deux ou trois jours de plus et je perdais non seulement ma secrétaire mais peut-être même mon comté. Il vous faudra, Margot, me rappeler de m'y rendre au moins deux fois par mois. De plus, je vous prie, Sylvie, de visiter mon comté et de préparer, sous un prétexte dont je vous laisse l'initiative, une rencontre avec mon groupe de soutien et avec les personnes que vous estimerez utiles à des retrouvailles avec mes électeurs. Jackie Verlot, que vous devriez connaître mieux car c'est une femme remarquable dont j'ignorais jusqu'à hier les talents et surtout la notoriété, mérite de notre ministère un peu plus de considération.

Constatant la mine dépitée de ses employées, il s'empressa de les rassurer.

– Vous n'êtes pour rien dans mon éloignement de Blanc-Mouton, mais à l'avenir il faudra, Margot et Sylvie, prévenir Mme Verlot de mes voyages, de mes absences, de mes engagements et entrevues. Si je demeure ministre des Affaires étrangères, je ne dois pas demeurer étranger à mon comté, ce que je fais sans m'en rendre compte depuis mon élection. Hier soir, j'ai invité Jackie à dîner au Cercle universitaire, et en moins d'une heure j'avais compris que ma secrétaire dans Blanc-Mouton, comme vous ici, ajouta-t-il précipitamment, est une femme élégante, racée, et fort bien connue dans la capitale. J'ai considéré sa présence comme allant de soi. Mais je ne veux pas perdre Blanc-Mouton si jamais je me présente aux prochaines élections...

– Donc, l'interrompit son attachée de presse, les rumeurs seraient fondées ?

– Quelles rumeurs ? demanda le ministre.

– On dit que vous seriez déçu de votre ministère.

– Qui dit cela ? l'interrogea-t-il sévèrement.

– Quelques journalistes qui ont remarqué chez vous des signes de lassitude tant en Chambre qu'au *Parlementaire*, où vous déjeunez souvent avec le sénateur Granvert.

– Et ici, monsieur, votre humeur assez sombre, excusez-moi de le dire, rend votre personnel à la fois nerveux et fort inquiet. Nous vous respectons et vous admirons, monsieur le ministre, mais nous sommes tous très angoissés, dit timidement Margot.

– Votre franchise commande la mienne, rétorqua doucement le ministre. Oui, je suis inquiet, moi aussi. Je me sens isolé au sein du cabinet. Surtout, Sylvie, poursuivit-il en regardant gravement son attachée de presse, que ceci demeure confidentiel. Je ne veux pas inquiéter le Premier ministre. Mais à vous deux, qui êtes mes assistantes et qui travaillez avec moi, je ne cacherai pas mes déceptions.

– Mais vous ne pouvez démissionner, monsieur le ministre, protesta Margot. Le gouvernement tombera sans vous.

Renaud Lemurest la regarda en souriant.

– Non, Margot, le gouvernement ne tombera pas. Mais moi je plongerai dans un vide qui angoisse ma femme et m'inquiète. Mais je n'en suis pas encore là, rassurez-vous. Toutefois, si je continue à m'absenter de mon comté, si les membres de mon ministère ne le visitent jamais en mon absence, alors, que je me représente ou non, je serai perdant. Voilà pourquoi j'ai besoin de vous. Voulez-vous m'aider à me rendre plus présent dans Blanc-Mouton? Margot, vous prendrez si vous le voulez une journée par mois pour vous rendre auprès de Jackie Verlot afin de la seconder. Elle a dû m'avouer que si elle n'avait pas un ami au sein du bureau du Premier ministre, la plupart des demandes de mes électeurs demeureraient sans réponse. Une telle situation ne peut durer. Je ne vous fais aucun reproche. Votre travail ici, tout comme le mien, est exigeant, mais ensemble nous devons aller plus loin. Puis-je compter sur vous?

– Oui, monsieur le ministre, répondit Margot.

– Oui, répéta Sylvie, mais promettez-nous de ne pas abandonner votre ministère. Sans vous, je le quitte.

– Moi aussi, ajouta Margot.

Elles se levèrent et, au moment où elles allaient sortir, Renaud dit à Margot:

– Margot, demandez au sous-ministre de venir dans mon bureau dans dix minutes.

Et il composa un numéro de téléphone.

80

Renaud, tenant le combiné contre son oreille, parlait doucement.

– Vous avez bien dormi, chère, chère Jackie?

Il écouta en souriant, puis reprit:

– Oui, ce fut en effet une belle soirée. J'avais l'impression que tous les membres du Cercle universitaire étaient à vos genoux... Et moi aussi, d'ailleurs. Victor ira vous chercher à dix-sept heures pour vous ramener ici. Et je vous ferai enfin visiter le ministère. Avez-vous pu trouver une gardienne pour Josette?

De nouveau il se tut, mais visiblement il était heureux.

– Alors, à ce soir, Jackie. J'ai hâte de vous retrouver...

Le sous-ministre entra.

– Je vous demande, Henri, de trouver les fonds pour doubler le salaire de la secrétaire de mon bureau de comté. Je viens de découvrir qu'elle est sous-payée et surchargée. Il faut rétablir un équilibre en ce qui la concerne pour compenser pour mes absences. Jackie Verlot n'est pas n'importe qui et nous devons la traiter aussi bien qu'elle dirige mon bureau.

— Doubler son salaire, n'est-ce pas un peu trop? Comment justifier cette hausse devant la comptabilité du ministère? s'inquiéta son sous-ministre.

— Mon cher Henri, en rappelant aux fonctionnaires des finances que sans Jackie mon bureau serait une faillite qui nous coûterait tous encore plus cher. Car si je suis battu aux prochaines élections, vous ne serez peut-être plus au ministère, rétorqua froidement le ministre.

— Donc, vous ne démissionnez pas?

Étonné, Renaud le regarda et demanda:

— De qui tenez-vous ces rumeurs, Henri?

— Tous ici les répètent, monsieur le ministre. Vous avez le respect et l'affection de votre personnel. Personne de nous ne souhaite apprendre encore une fois à travailler pour un autre ministre.

— Merci de votre confiance, Henri, et ne soyez pas inquiet. Je suis ministre pour encore longtemps.

Le sous-ministre lui sourit et il le rassura au sujet de Jackie Verlot.

— Elle aura son augmentation, monsieur le ministre. J'en fais mon affaire personnelle.

— Merci, Henri, et si vous êtes encore ici vers dix-huit heures, venez prendre un verre dans le petit salon. J'ai invité Mme Verlot à visiter nos locaux. Il était plus que temps. Nous n'avons pas été chics envers elle, Henri. Elle mérite mieux de nous tous.

Le sous-ministre lui promit de venir rencontrer Jackie et il le quitta rapidement. Renaud poussa un soupir de soulagement.

«Je retrouve mon âme de boy-scout, se dit-il, et j'ai fait ma B.A. de la journée.»

81

Le sénateur Granvert demanda à Véronique de joindre Élise et de la prier de venir le retrouver au ministère des Affaires étrangères vers dix-huit heures.

– Le ministre veut, selon sa secrétaire, nous parler de Boba. Dites-lui, ajouta-t-il, que le ministre souhaite aussi que nous rencontrions Jackie Verlot. Oui, celle qui dirige son bureau de comté. Non, Véronique, je ne pourrai lui parler, la cloche qui nous convie au Sénat sonne depuis déjà cinq minutes. Je ne veux pas être en retard.

Et il quitta son bureau.

Aussitôt les débats du Sénat terminés, Philippe marcha jusqu'au ministère des Affaires étrangères, rue Sussex, vis-à-vis de la Galerie nationale.

« Va-t-il nous annoncer sa démission ? se demandait-il avec inquiétude. Il faudra pourtant que j'en arrive là moi aussi. J'étouffe dans cette boîte... »

Quelques instants plus tard, Margot le conduisit au petit salon où attendait Jackie Verlot.

– Le ministre sera ici dans quelques minutes, sénateur. Il vous prie d'excuser son retard. Mme Lemurest viendra vous retrouver également.

– Et Élise aussi, dit Philippe.

Puis il embrassa Jackie en lui disant:

– Chère Jackie, je m'ennuie de vous et de nos longues conversations depuis que je suis devenu «honorable» alors que, dans les faits, je ne le suis pas du tout, lui dit-il en riant.

– Un sénateur ne peut se mêler de politique active, Philippe. Je l'ai dit hier soir au ministre qui s'étonnait de me savoir un peu seule dans son comté.

– Mais ne deviez-vous pas avoir une assistante?

– Oui, soupira Jackie, mais monsieur le ministre a oublié sa promesse.

– Il est trop souvent absent du pays, Jackie, protesta Philippe.

– Oui, lui dit-elle, je le comprends maintenant. Mais je vous confierai, Philippe, que si je dois assumer encore longtemps le poids de son bureau, je ne tiendrai pas le coup.

Renaud Lemurest entra dans le salon en même temps que le garçon de table qui leur apportait du vin. Le garçon les servit, posa une seconde bouteille sur le buffet et quitta les invités du ministre.

– Bonjour, Philippe.

Les deux hommes se serrèrent la main. Renaud se retourna vers Jackie et lui demanda si elle avait visité le ministère.

– Oui, répondit-elle en souriant. Il y a plus de monde ici qu'à Bergerville, fit-elle, taquine.

– Mais parfois tout ce monde se pile dessus... Jackie, avant qu'Élise et Mathilde viennent nous retrouver, j'ai deux bonnes nouvelles à vous annoncer enfin... À compter du mois prochain, votre salaire sera doublé, et mon sous-ministre s'affaire en ce moment à vous trouver une assistante, ici même au ministère, pour...

— Monsieur le ministre, dit alors rapidement Jackie, d'abord merci pour mon salaire, mais ne me cherchez pas ici, dans ce ministère, une assistante. Permettez-moi d'en recruter une dans votre comté. Il y a tant de chômage dans Blanc-Mouton que vos électeurs verront d'un mauvais œil l'arrivée dans votre bureau d'une personne de la fonction publique.

Renaud la regarda, visiblement mal à l'aise, puis, se tournant vers Philippe, il lui dit:

— J'ai encore beaucoup de choses à apprendre concernant la politique et ses traquenards. Je vous remercie, Jackie. Sans votre expérience, j'aurais, pour vous rendre service, desservi ma propre cause. Décidément, je ne suis pas digne de mon rôle de ministre.

— J'ai entendu chanter vos louanges partout où l'un de vos attachés m'a emmenée tout à l'heure, dit Jackie. Mais pourquoi ont-ils été si nombreux à me demander s'il était vrai que vous songiez à démissionner du cabinet Lecarré?

— Ce sont des rumeurs, répondit vivement Philippe, et elles me collent également à la peau. Vous connaissez mieux que le ministre et moi le sport favori des employés du gouvernement... Même les journalistes de la colline parlementaire inventent des faits qui nous concernent et en font leurs manchettes...

À ce moment, Mathilde et Élise entrèrent. Philippe les servit, emplit de nouveau les verres de Renaud et de Jackie ainsi que le sien, et revint prendre place à côté de Renaud.

– Comment va votre Boba? demanda Renaud à Élise. La connaissez-vous, Jackie?

– Non, hélas, monsieur le ministre. Nous avons posé sur le mur de mon bureau l'affiche d'Enfants sans Frontières qui la montre avec son béret bleu, et, chaque fois que je la regarde, je suis toujours bouleversée. Cette affiche est profondément émouvante, madame Granvert.

– Oui, et Boba l'est également.

– Où va-t-elle à l'école? demanda Jackie. Et se sent-elle à l'aise au Canada?

– De plus en plus, répondit Philippe, et surtout depuis qu'Élise a choisi de la placer au lycée Claudel. Boba rencontre des enfants d'étrangers, ce qui est excellent pour elle, car elle retrouve alors un peu du climat européen qui doit sûrement lui manquer...

– Ma Josette aussi fréquente le lycée Claudel...

Tous s'exclamèrent, et Renaud fut visiblement heureux de voir que son plan pour réunir parfois Boba et Josette allait probablement réussir.

Ils continuèrent de discuter durant une heure et convinrent de se rendre à la salle à manger du ministère. Tout y avait été préparé pour eux. Le visage souriant et heureux de Jackie rendait Renaud fou de joie.

«Mon Dieu! qu'elle est belle!», se disait-il en oubliant de regarder Mathilde, qui, elle, ne le quittait pas des yeux.

82

La presse canadienne était déchaînée contre le gouvernement Lecarré et les mesures économiques annoncées par le Premier ministre du pays et ceux des provinces. Les citoyens évidemment devraient assumer le coût de ces compressions. Ils étaient victimes de toutes les grèves, ce qui rendait leurs allées et venues difficiles, lentes et surtout exaspérantes.

Les transports en commun, les universités, la fonction publique, les hôpitaux étant paralysés, la plupart des citoyens étaient touchés par cette grève générale. «Et, soupirait Renaud, je n'ose plus me servir de mon chauffeur et de notre voiture. Je crains d'être chahuté si je me mêle à la foule massée devant le Parlement avec des pancartes. Si je suis reconnu ici et là, je suis hué partout où mon visage est familier aux grévistes.»

«Le gouvernement cédera-t-il?», lui demandèrent quelques membres du personnel politique de son ministère, qui ne participaient pas à la grève parce que venant de l'extérieur des milieux politiques. Ils étaient au bord de l'exaspération. Tous faisaient leur part, quelques-uns s'occupant du maniement de l'ascenseur – le bureau du ministre Lemurest était situé au sixième étage –, les autres remplissant des tâches diverses pour lesquelles aucun d'eux n'était qualifié.

Les manchettes des quotidiens, les commentaires des journalistes de la radio et de la télévision étaient presque tous vitrioliques. *Le Devoir* titrait: «Le gouvernement Lecarré acculé à la faillite». *The Gazette* évoquait la prise en charge éventuelle du pays par le Fonds monétaire international. Le *Globe and Mail* écrivait: «*The country is on the streets in every province*». Le *Sun* de Vancouver prédisait une élection prochaine. *La Presse* annonçait la démission imminente de plusieurs ministres.

Le Sénat ne voulant pas demeurer hors d'un débat qui ne le concernait guère – les sénateurs étant nommés et non élus –, ceux et celles qui commentaient la situation étaient vilipendés et les autres, méprisés. L'opposition, de son côté, accusait les membres du Sénat de profiter du patronage gouvernemental, oubliant cyniquement que plusieurs étaient sénateurs en vertu du même patronage exercé par le Premier ministre précédent. Bref, il était désormais trop facile à des étrangers en visite au Canada de pester contre un pays qui rendait à tout le monde, citoyens et touristes, la vie impossible depuis quinze jours.

Mathilde et Élise n'osaient sortir de chez elles, de peur d'être prises à partie par la foule. De retour chez lui, Renaud subissait, avec un silence réprobateur, les critiques de sa femme, et Philippe en faisant autant chez lui. Mais soudain, en parcourant le quotidien français *Le Monde*, Philippe se mit à lire à haute voix devant Élise et Boba.

– En page deux, ce journal prédit qu'un Canadien gagnera le prix Nobel de la Paix... Je me demande s'il demeure un seul Canadien attiré par la paix en ces jours de guérilla syndicale.

Et il remit le journal sur la table.

Boba vint le prendre et, au grand étonnement du couple Granvert, elle se mit à le lire, la mine sérieuse, les yeux braqués sur les pages qu'elle tournait lentement.

– Cette enfant me semble avancée pour son âge, observa Philippe. Quel bonheur je te dois, ma chérie ! Mais, Élise, je meurs de faim. Le *Parlementaire* étant fermé *because of* cette maudite grève générale, nous sommes réduits aux sandwiches et ils sont plutôt garnis de caoutchouc que de caviar, dit-il en riant.

83

Finalement, le pays connut des heures de paix. Mais elles furent très coûteuses pour le gouvernement, les syndiqués et les citoyens, qui forcément, à même leurs taxes, durent une fois de plus porter le poids de cet affaissement de l'économie du pays. Tous les membres du cabinet Lecarré furent pris à partie, et le Premier ministre subit une chute vertigineuse dans les sondages. «S'en relèvera-t-il?», se demandaient anxieusement ses ministres, fort inquiets eux-mêmes pour leur avenir. «Les prochaines élections sont loin d'être gagnées», se disait Renaud en prenant sa décision de remettre sa démission au Premier ministre tout en se sentant coupable de le faire à ce moment précis.

– Mais demeurer dans mon bureau lorsque Lecarré part encore une fois pour l'Europe sans moi, c'est vraiment cultiver un masochisme politique dont je me sens incapable, grondait-il devant sa femme.

– Comment peux-tu quitter ton poste quand le gouvernement est en perte de vitesse? Tu seras mal jugé, Renaud, et par moi aussi. Je te croyais plus courageux.

– Mais le courage pour moi, Mathilde, c'est de réaliser que le cabinet et Alain Lecarré ont perdu confiance en leur ministre des Affaires étrangères. Et puis, Mathilde, dans la plupart des pays démocratiques, ce sont désormais les chefs d'État eux-mêmes qui prennent en mains la politique étrangère de leur patrie, qu'il s'agisse du président des États-Unis, du Premier ministre de la Grande-Bretagne ou des chefs de gouvernement de la Bosnie-Herzégovine, de la Croatie et de la Serbie, qui négocient avec l'Otan et les Nations unies. Donc, tant qu'à ne rien pouvoir faire pour le Canada, je laisse mon poste à un autre ou je le laisse libre. Je ne crois pas, Mathilde, que le Premier ministre m'en tienne rigueur. De toute évidence, il me fuit, et s'il me fuit, c'est qu'il ne me fait plus confiance...

– Céline sera très affectée par ton départ et le mien. Car tu ne me laisseras pas seule ici, n'est-ce pas, Renaud ? J'ignore ce qui la tracasse et l'attriste, mais hier encore je remarquais sa pâleur, sa nervosité et surtout son silence. Nous nous aimons bien, elle et moi, et ensemble nous causons de tout. Hier, chez elle pour le thé, elle était absente et distraite.

– La chute de popularité de son mari dans les sondages doit lui causer du souci, et il est normal qu'il en soit ainsi. Autant t'avouer, Mathilde, que moi aussi j'aimerais te sentir un peu plus près de moi en ce moment. Je suis seul au ministère et au sein du cabinet. Je ne me sens plus «*involved*», comme disent mes collègues anglophones, dans les décisions du gouvernement. J'apprends par la presse si le Premier ministre est à Ottawa ou ailleurs dans le monde. Ma place est à ses côtés, ou alors je la lui laisse. Je ne peux faire autrement sans manquer de courage et de dignité.

306

— Tu ne manques d'aucune de ces deux qualités, Renaud, mais peut-être encore une fois de tact et de diplomatie, et c'est cela qui m'étonne de la part d'un diplomate de carrière comme toi...

Renaud la regarda et dit :

— Tu penses toujours à ma gaffe devant les membres de l'Empire Club ?

— Gaffe, non, je n'irai pas jusque-là, Renaud, mais le Canada anglais, plus royaliste en grande partie que les membres de la famille royale britannique, te pardonnent mal d'avoir osé remettre en question les liens du pays avec la Grande-Bretagne et Sa Majesté.

— Il faudra pourtant en arriver là, Mathilde. J'ai prévenu les coups, car si, dans quelques semaines, les Québécois votent pour l'indépendance, il faudra que le reste du pays remette en cause toutes ses allégeances constitutionnelles. Nous ne sommes plus en 1837, Mathilde, mais à la veille du XXIe siècle, un siècle de communications et de progrès techniques, alors que notre fédéralisme est figé dans le passé...

Et, prenant son porte-documents, il s'approcha d'elle et lui dit, suppliant :

— Mathilde, ne me laisse pas tomber. J'ai besoin de toi, de ta force et de ta compréhension.

— Alors, Renaud, vas-y doucement. Il se passe quelque chose de grave dans l'entourage du Premier ministre, et le fait qu'il te néglige, comme tu dis, en est une preuve formelle. Tu le rencontres quand ?

— Ce soir, après les débats en Chambre. Donc, je rentrerai tard une fois de plus ; surtout, ne t'inquiète pas.

Si ses explications me donnent la preuve de sa loyauté à mon endroit, je lui conserverai la mienne. Bonsoir, chérie.

Avant que Mathilde ait pu lui répondre, il avait quitté la maison.

84

Le président du Sénat, qui écoutait, l'air profondément ennuyé, les débats des sénateurs, sursauta lorsque deux jeunes pages s'inclinèrent devant lui pour lui remettre deux enveloppes. Il parcourut rapidement des yeux l'une d'elles, se leva, coiffa son tricorne et fit signe au leader du Sénat de prendre sa place durant son absence. Quinze minutes plus tard, il revint, une feuille de papier dans les mains. Une fois réinstallé dans son fauteuil de président, il se leva et demanda le silence.

– Honorables collègues, dit-il alors d'une voix à la fois émue et grave, j'ai une nouvelle d'importance à communiquer à l'un d'entre vous et, par voie de conséquence, à tous les membres du Sénat du Canada.

Le silence se fit aussitôt. Le président savait imposer son autorité.

– Je viens de recevoir un appel téléphonique du président de l'Agence internationale de la presse et un second de l'ambassadeur de Suède. Le prix Nobel de la Paix, pour cette année, est attribué à l'organisme Enfants sans Frontières, dont la création par Mathilde Lemurest et Élise Granvert est due en partie à une admirable initiative du sénateur Philippe Granvert et de son épouse, qui avec une immense générosité ont adopté la fillette Boba Mujovic, dont la jolie tête coiffée du béret bleu des soldats des Nations unies a fait le tour du monde sur des affiches qui la montrent tant dans sa patrie bosniaque que dans la nôtre.

Philippe se leva au milieu des applaudissements. Tous les sénateurs étaient debout et lui faisaient une ovation tandis que des pages distribuaient à chacun une affiche de Boba. Philippe dut se rasseoir, tant l'émotion l'étreignait.

Le président imposa de nouveau le silence et ajouta doucement:

– En ce moment même, Mme Granvert est au bureau du Premier ministre, et je me permets de vous suggérer, sénateur, d'aller la rejoindre. Acceptez, sénateur de Blanc-Mouton, les félicitations de tout le Sénat et sans doute du gouvernement canadien. Le Premier ministre vient d'annoncer cette nouvelle émouvante à la Chambre des communes.

Philippe salua le président et tous ses collègues, et quitta précipitamment l'édifice du Sénat. Dix minutes plus tard, il réussit à se frayer un passage parmi une cohorte de journalistes massés dans les corridors menant au bureau du Premier ministre, mais refusa de répondre à leurs questions. Une fois dans l'antichambre du Premier ministre, il vit Élise, Mathilde et Renaud qui attendaient d'entrer chez le chef de l'État. Boba les regardait en souriant et Philippe lui dit:

— Boba, est-ce que tu comprends ce qui nous arrive à cause de toi?

— À cause de toi, *Tata*, répondit-elle en souriant.

Le Premier ministre apparut, suivi de Céline. Il était visiblement ému, mais aussi pâle que Céline. La petite Boba lui tendit un rouleau. Élise lui avait fait rapidement signer son nom au bas d'une des affiches la montrant de profil, béret bleu penché sur sa tête. Il la prit dans ses bras.

— Boba, merci, merci pour tous les enfants du monde qui ont été meurtris comme toi... Merci, Élise et Philippe, d'avoir amené au Canada cette merveilleuse petite fille.

Céline s'agenouilla devant elle, l'entoura de ses bras, et se releva, les yeux mouillés de larmes.

Après quelques instants de conversation, le Premier ministre suggéra à Mathilde, à Élise, à Philippe et à Boba de rencontrer la presse. Il pria cependant Renaud d'entrer dans son bureau.

— Je les accompagne, Alain. Tu veux bien? demanda doucement Céline.

— Oui, mais rends-toi chez nous ensuite. Je veux parler quelques minutes à mon ministre et je te rejoins.

— Je les invite tous à dîner? demanda-t-elle, toujours doucement.

— Non, lui dit-il. Ce soir, je te veux à moi, rien qu'à moi.

Renaud les regarda, un peu surpris par l'émotion perçant dans la voix du Premier ministre, mais, sans oser rien demander, il le suivit dans son bureau.

Les lauréats du prix Nobel de la Paix, eux, acceptè-rent enfin de répondre aux questions des journalistes de plus en plus nombreux massés dans les corridors du Par-lement.

85

Quand il entra derrière le Premier ministre dans son bureau du Parlement, Renaud sursauta en apercevant sur le bureau la lettre de démission qu'il lui avait offerte au lendemain de son célèbre discours devant l'Empire Club de Toronto. Il en sortit une autre de la poche intérieure de son veston et la déposa à côté de la première. Le Premier ministre se laissa choir dans son fauteuil et il ramassa l'enveloppe de Renaud, vint pour parler, puis subitement posa sa tête entre ses mains. Renaud, ahuri, bouleversé, constata que le Premier ministre sanglotait sans retenue devant lui.

Il le regarda, ne sachant que faire, puis passa derrière le bureau pour poser doucement sa main sur l'épaule de Lecarré. Au même moment, celui-ci releva la tête, prit un mouchoir pour s'essuyer les yeux et dit à Renaud:

– Excusez-moi. Il s'agit de Céline.

Une deuxième fois, il éclata en sanglots. Renaud revint prendre place devant le Premier ministre et garda un silence difficile.

– Renaud, reprenez vos lettres de démission. C'est moi qui demain après-midi vous remettrai la mienne avant de l'annoncer en Chambre, au début de la période des questions.

Renaud se redressa sur son fauteuil et dit timidement:

— Monsieur le Premier ministre...

Celui-ci l'interrompit.

— Renaud, j'aime ma femme plus que tout au monde. Sans elle, je ne serais pas ici. Mais sans elle, je ne demeurerai pas ici non plus.

— Mais...

Le Premier ministre reprit, la voix tremblante, les yeux rougis, les mains nouées l'une sur l'autre:

— Céline était dans mon bureau depuis une heure. Elle était venue me dire...

Sa voix s'étrangla de nouveau.

— Alain, se permit alors de dire Renaud, je suis votre ami. Dites-moi ce qui vous fait si mal. Je vous aiderai, je vous le jure.

— Céline consultait un médecin depuis des mois sans me le dire. Elle souffre d'un cancer du pancréas, ce qui lui donne entre trois et cinq mois à vivre. Et je ne lui survivrai pas. La semaine prochaine, je quitte cette ville odieuse pour elle et moi. Nous retournons à Fleur-d'Eau, dans mon comté de Basse-Mer. J'ai une grande maison devant la mer et nous y serons bien ensemble pour le peu de temps...

Il éclata en sanglots une nouvelle fois et remit sa tête entre ses mains.

Renaud, à son tour traumatisé, ne sachant que lui dire, avait peine à contenir son émotion.

— Mais, monsieur, tenta-t-il d'intervenir.

— Il n'y a pas de mais, Renaud. La vie de Céline, c'est la mienne, et je l'ai assez abandonnée à cause de mes sacrés voyages, de mes responsabilités envers tout le pays, pour ne plus la quitter une seule seconde jusqu'à sa...

De nouveau, il fut incapable de parler.

Renaud le regarda et dit:

— Qu'attendez-vous de moi et de Mathilde, monsieur?

— Votre amitié pour Céline et votre loyauté à exécuter non pas mes ordres, mais ma volonté. Demain, j'annoncerai mon départ du gouvernement et vous nommerai vice-Premier ministre. Vous conserverez les Affaires étrangères également.

Il se leva et marcha de long en large devant un Renaud médusé mais conscient que l'heure était grave pour lui et surtout pour les Lecarré.

— Vous êtes le seul à pouvoir me remplacer au pied levé. Mais vous ne connaissez pas assez les us et coutumes de la Chambre. Vous me remplacerez jusqu'au jour où vous décréterez une course au leadership. Vous serez élu, car aucun de mes ministres ne mérite la confiance des membres de notre parti ni surtout de la population. Lorsque vous serez maître de la situation en Chambre et au cabinet, et que vous aurez pris en charge le parti, vous déciderez de la date des prochaines élections.

Et, regardant Renaud, complètement abasourdi, il lui dit, en essayant de sourire:

— Et je voterai pour vous dans Basse-Mer, Renaud.

Renaud rentra chez lui plus tôt que prévu, et il fut surpris d'y trouver Mathilde, visiblement aussi bouleversée que lui.

– Oh! Renaud, si tu savais! dit-elle en se levant pour l'embrasser.

– Oui, ma chérie, répondit-il tendrement, je sais. Alain Lecarré m'a raconté au sujet de Céline.

– Elle m'a ramenée avec elle après notre rencontre avec la presse, et lorsque son chauffeur a arrêté la voiture devant notre porte, elle m'a priée de l'inviter ici. «Je suis fatiguée, m'a-t-elle dit, et très heureuse aussi de savoir que votre organisme fera la une de tous les journaux du monde. Son avenir est désormais assuré.» Et elle est entrée dans la maison avec moi. Une fois assise, elle m'a demandé, ce qui est rare pour elle, un gin tonic au lieu de son habituelle tasse de thé. Je croyais qu'elle voulait célébrer cet inconcevable prix Nobel, mais c'est alors que, sans broncher, elle m'a dit: «Mathilde, il me reste entre trois et cinq mois à vivre; j'ai le cancer du pancréas.» Et, comme une idiote, je me suis mise à pleurer et c'est Céline qui m'a consolée. Quelle femme! J'ai honte de moi.

– Et moi aussi, ma chérie, car j'ai vécu de telles émotions et ce que je vais te dire est dans un sens encore plus difficile à accepter pour toi et moi.

Renaud servit deux martinis, revint prendre place près de Mathilde qui avait allumé un feu dans l'âtre, et la regarda en lui tendant son verre. Il relata toute sa conversation avec le Premier ministre, n'omettant pas un seul détail.

Mathilde le regardait, encore trop émue par la joie du prix Nobel et par la tragédie dont lui avait fait part Céline pour saisir l'ampleur des responsabilités jetées sur Renaud par un Premier ministre complètement brisé par la maladie de son épouse.

Tout à coup, elle se leva, regarda Renaud et demanda, la voix tremblante :

– Alors, si tu es élu, tu deviendras Premier ministre... ?

– Oui, Mathilde, et je serai élu. Je n'ai pas souhaité le devenir et je te l'ai déjà dit ; ma lettre de démission était déjà posée sur le bureau de Lecarré lorsque je l'ai vu tout à coup éclater en sanglots... Le pauvre homme !

– Et surtout pauvre Céline ! Cinq mois à vivre, c'est court.

Et, cette fois, Mathilde éclata en sanglots.

– La vie est injuste, dit-elle entre deux hoquets. Pourquoi Céline, quand tant de salauds existent au Parlement et dans le pays ?

– Il faudra prévenir Philippe, car je ne veux pas qu'il apprenne en Chambre demain la démission et le départ de Lecarré.

– Laissons-les à leur bonheur ce soir, Renaud, rétorqua vivement Mathilde. Il sera toujours temps pour eux d'être aussi meurtris par cette nouvelle que nous le sommes, toi et moi.

87

— Si seulement tu me l'avais dit, ne cessait de répéter Alain en gardant Céline contre lui.

Depuis une heure, ils étaient de retour au 24, rue Sussex, éprouvant le besoin de se souder l'un à l'autre. Céline avait posé sa tête contre l'épaule de son mari et elle ne savait si elle le consolait de sa mort prochaine ou si lui l'aidait à y faire face. Mais tous les deux se savaient renforcés par leur amour réciproque.

— Je ne voulais pas te confier ce que le médecin venait de me révéler. Le pays tout entier vivait une grève générale ; tu rentrais à la maison pour quelques heures et tu en repartais encore plus épuisé qu'en arrivant. Donc, je me suis tue. Ce ne fut pas facile. Seule ma sœur, à Fleur-d'Eau, est au courant de ce qui m'arrive. Je lui ai demandé de remettre en ordre notre maison abandonnée depuis six ou sept ans, afin que nous puissions l'habiter durant quelques mois ou quelques semaines, fit-elle en ravalant ses sanglots.

Alain se savait au bord du désespoir, et il comprenait maintenant qu'il lui fallait soutenir Céline et prendre toutes les décisions en évitant de lui causer d'inutiles inquiétudes. Quitter ses responsabilités de Premier ministre du jour au lendemain n'était pas facile et, au-delà de ses tensions et de ses émotions concernant Céline, il devinait le chaos politique dans lequel son départ allait plonger de nouveau le pays. Mais comment faire autrement quand sa femme n'avait plus que quelques mois à vivre et surtout quand cette femme représentait tout ce que son être recelait d'amour?

Il n'était pas non plus sans prévoir que, le lendemain, le gouvernement, son cabinet et son parti réagiraient fortement en apprenant sa démission et son départ d'Ottawa. Aussi décida-t-il de ne pas cacher la véritable raison de sa démission comme Premier ministre, en disant toute la vérité à la Chambre. Il savait fort bien l'estime que l'on portait à Céline et se rassurait en imaginant que la presse respecterait sa décision sans le presser de questions.

— Alain, je pourrais mourir ici, tu sais, lui dit-elle à voix basse. As-tu le droit de tout abandonner pour moi?

— Toi, ma Céline, n'as-tu pas, il y a des années, tout abandonné, notre maison devant la mer dont tu étais si enchantée, tes amies, ta tranquillité, ton talent de peintre, pour venir avec moi ici et me seconder dans toutes mes tâches? Sans toi, je ne suis rien. Je te dois ma carrière, mon élection et le peu de sagesse dont je suis capable. Maintenant, nous ne nous quitterons plus...

Et Alain la retint encore plus fort contre son épaule, réprimant de toutes ses forces son envie de lui crier:

— Céline, ne me laisse pas; sans toi, moi aussi je mourrai.

320

Et, à mesure que les bûches couchaient leurs flammes dans la cheminée du petit salon attenant au plus grand, servant aux réceptions officielles, le calme revenait dans les cœurs de ce couple, le plus prestigieux du pays, mais également, ce soir-là, le plus faible. Quand la mort se profile au carrefour de la vie, rien ne vaut l'amour qui insuffle le courage de la vivre jusqu'au bout.

Céline et Alain, toujours enlacés, montèrent doucement, lentement vers leur chambre. Il leur restait, malgré tout, quelques nuits pour s'aimer.

La galerie de la presse et celle des visiteurs, à la Chambre des communes, étaient bondées. Sylvie, l'attachée de presse du ministre Lemurest, et Maurice Lapierre, celui du Premier ministre, avaient tous deux été prévenus par Renaud qu'une nouvelle de grande importance allait être annoncée, avant la période des questions, par le Premier ministre. Il fallait, leur avait-il dit, que tous les sièges soient remplis.

De leur côté, Mathilde et Élise avaient toutes deux téléphoné à quelques femmes, leur demandant d'être présentes en Chambre, croyant qu'elles soutiendraient ainsi le Premier ministre qui parlerait de la maladie de Céline, car le pays devait comprendre pourquoi, à un moment où les choses allaient si mal, il abandonnait son poste.

À treize heures trente, Céline accompagna son mari à son bureau, et Mathilde vint la rejoindre alors que ce dernier descendait vers la Chambre des communes. Il était tendu, nerveux, très pâle, mais décidé, coûte que coûte, à dire ce qui arrivait à son épouse. «La douleur me rend courageux subitement», songeait-il en empruntant l'escalier qui le mena à la Chambre. Il fut un peu étonné par le nombre de visiteurs et de journalistes qui l'attendaient, mais il prit place dans son fauteuil, entre le ministre des Finances et celui des Affaires étrangères. Afin que tous les membres du cabinet le soutiennent pour faire taire l'opposition, Renaud avait, tôt ce matin-là, prévenu chaque ministre de ce qui allait se passer, tout en leur faisant jurer la confidentialité. Lui aussi se sentait nerveux et inquiet. Il avait oublié sa rancœur pour se souvenir uniquement de la douleur du Premier ministre. «Pourvu, se disait-il, qu'il ne craque pas.» Mais Alain Lecarré démontra, quelques minutes plus tard, une telle fermeté dans le ton que, même si plusieurs membres de la Chambre ne purent s'empêcher de manifester leur étonnement à la nouvelle de la démission immédiate du Premier ministre, personne parmi les siens n'osa exprimer sa surprise ou sa déception. Quelques députés de l'opposition criaient: «Quand ça va mal, Lecarré fiche le camp»; d'autres allaient même jusqu'à crier: «Bon débarras!»

Le Premier ministre attendit que le silence et le décorum reviennent. Le président de la Chambre répétait:

– *Order in the House, order...*

Finalement, le silence se fit. Alain, droit et grave, dit alors:

– Je ne quitte pas cette Chambre, mon parti et mes responsabilités parce que le pays traverse une crise à la suite de la grève générale qui nous a tous si gravement touchés, mais pour des raisons personnelles. Je me sens obligé en conscience, pour notre stabilité nationale et internationale, de vous en faire part. Mon épouse Céline, ma chère épouse, que tous vous connaissez et respectez, m'a annoncé hier que son médecin lui avait révélé qu'elle était atteinte...

La voix lui manqua, mais il se reprit aussitôt. Le silence en Chambre faisait encore plus de bruit que les vociférations de ses adversaires, maintenant honteux de leur comportement.

— ...atteinte du cancer du pancréas. Il lui reste peu de temps à vivre, et ce temps, je veux le vivre avec elle, près d'elle, uniquement pour elle. Voilà la raison vraie, authentique, de ma démission. Vous le savez tous et toutes, et je ne répondrai à aucune question de la presse. Messieurs et mesdames les journalistes, essayez cette fois de respecter ce qui fait trop mal pour être discuté. J'ai nommé, ce matin, le ministre des Affaires étrangères vice-Premier ministre. Il décidera de la date du congrès qui aura lieu pour me remplacer à la tête du parti. Je lui confie sans hésitation mes responsabilités. Il en est digne.

Et, sans un regard pour les siens, il quitta rapidement la Chambre. Avant de franchir pour la dernière fois la porte des Communes, il se retourna pour saluer le président, mais demeura figé sur place en constatant que tous les membres de la Chambre ainsi que tous les journalistes et visiteurs étaient debout, observant un silence qui l'émut profondément.

Lorsque le président dit, d'une voix étouffée: «*Question period*, la période des questions», personne ne se leva. Tous demeuraient incapables de parler. C'était le plus bel hommage que pouvaient recevoir Céline et Alain Lecarré.

89

Jamais, de mémoire de parti, une course au leadership n'avait été aussi terne, ennuyeuse, voire remplie d'amertume. Personne ne pouvait éviter de compatir à la mort prochaine de Céline Lecarré, mais autant l'entourage de l'ex-Premier ministre comprenait les raisons de sa démission, autant personne ne souhaitait de congrès de leadership. Les heures noires dans lesquelles le pays était encore plongé n'incitaient pas aux réjouissances collectives. Renaud Lemurest, avec l'accord de Robert Lefaivre, président du parti, avait décidé que ce congrès ne durerait que vingt-quatre heures, car Alain Lecarré avait refusé la journée qui lui était consacrée, et Renaud n'avait pas insisté. Donc, le congrès regrouperait les membres tôt le matin, afin que tous puissent voter en fin de journée pour le ministre des Finances ou pour lui. Ils n'étaient que deux en lice, tous les autres, par décence ou lassitude, ayant refusé de se porter candidats.

Renaud, conscient de la crise économique, avait instinctivement compris que ses compatriotes n'accepteraient pas que des sommes faramineuses soient englouties dans ce congrès, puisque les deux candidats avaient déclaré, au cours de leur campagne, que l'élection générale suivrait de près la victoire de l'un ou de l'autre.

Renaud fut élu de justesse, car si les membres du parti admiraient sa prestance et son aisance, peu le connaissaient, et plusieurs, pourtant conscients que les finances du parti étaient limitées, n'approuvaient pas que si peu de temps soit consacré à un congrès de leadership, un événement qui habituellement réjouissait tout le monde.

À la fin d'une journée baignée dans les discours et les petites assemblées stratégiques des deux candidats, Renaud Lemurest recevait l'aval d'une mince majorité des membres, et il devenait chef de son parti et candidat au poste de Premier ministre. Il n'y avait pas eu de vrai débat entre lui et Brendan Channing, ministre des Finances, aussi eut-il la chance d'éviter de devoir recoller les pots cassés entre les membres du cabinet.

Mathilde, toute à sa joie de savoir l'organisme Enfants sans Frontières solidement ancré dans l'avenir, avait convaincu Renaud que sa présence à ses côtés ne serait utile ni à l'organisme ni à sa candidature.

– Quand tu deviendras Premier ministre, la presse, les ministres et les députés diront que tu t'es servi du prix Nobel de la Paix, qui porte aussi mon nom, pour te faire élire.

Il avait donc fait campagne seul, mais, par mesure d'économie, il s'était contenté de réserver du temps d'antenne à la télévision pour présenter ses vues et ses plans à la population, au lieu de parcourir le pays et d'appauvrir ainsi les finances de l'État. Il avait cependant obtenu que l'ex-Premier ministre Lecarré dise quelques mots en sa faveur depuis son comté de Basse-Mer, et il ne fut donc pas surpris de se retrouver investi du pouvoir de déclencher des élections générales au pays, ce qu'il fit une semaine après sa victoire à la tête du parti.

Ce ne fut pas son ambition qui dicta sa conduite, mais l'annonce de la tenue d'un référendum sur la souveraineté du Québec. Il était cependant fort inquiet. Trop longtemps absent du Québec, il comprenait que ses compatriotes mettent en doute ses capacités de comprendre les besoins assortis de demandes précises de sa province natale, et il était assez perceptif pour deviner qu'il lui faudrait faire campagne au Québec le plus longtemps possible, ce qui évidemment indisposerait les provinces anglophones contre lui. Car, avait-il déjà appris, plaire aux anglophones, c'était nécessairement déplaire aux francophones, et inversement. Mais Renaud se laissa convaincre par son groupe de soutien que sa victoire était assurée. Il ne demandait qu'à le croire.

90

Il existe une différence fondamentale entre une course au leadership d'un parti et une course au leadership du pays. Renaud ne tarda pas à comprendre qu'il devait se fier entièrement à l'expérience des siens. Le cabinet tout entier avait réduit à trois semaines le temps de la campagne électorale, toujours à cause de la crise économique dans laquelle le pays pataugeait.

– Si nous ne savons pas dire clairement en trois semaines comment nous entendons diriger le gouvernement fédéral et conduire nos relations avec les autres pays, Renaud, lui avait dit et répété le ministre Channing, nous ne le ferons pas mieux comprendre en cinq. À nous tous d'élaborer un plan de société.

– J'ai de petites idées là-dessus, répliqua ironiquement Renaud.

– *Yes, Minister*, reprit Channing, *but what you know about Western Canada is the equivalent of what I know about Québec : almost nothing*. Nous n'interviendrons pas dans vos rencontres avec nos alliés américains et européens. *You are still Minister of Foreign Affairs*, mais vous devriez peut-être, durant la campagne, consacrer le plus de temps possible à un Québec sur le point de faire éclater ce pays. *Its fate lies on your shoulders, Minister.*

Renaud le regarda, surpris que le ministre des Finances se soucie ainsi des problèmes du Québec, ce qui contrastait avec l'habituelle indifférence des ministres anglophones envers sa province francophone natale.

– Mais, demandait-il à Philippe, chargé, comme au temps de la diplomatie, de son horaire électoral, suis-je au fait du Québec indépendantiste, de son gouvernement et surtout de ses exigences? Si je cède au Québec, neuf autres provinces se dresseront contre moi. Voyez-vous, Philippe, une des grandes erreurs des politiciens québécois œuvrant sur la scène fédérale, c'est que, une fois installés au gouvernement, à titre de ministres ou de députés, ils finissent malgré eux par représenter le gouvernement fédéral auprès du Québec pour oublier la place du Québec au sein de la fédération. Je me suis surpris moi-même plus d'une fois à me dresser contre ma patrie pour mieux servir mon pays. Que faudrait-il faire, Philippe, pour remédier à cet empiétement politique?

– N'est-ce pas précisément la question primordiale de cette élection en ce qui vous concerne? fit Philippe en répondant au téléphone du bureau de comté dirigé par Jackie, qui avait pris en charge les quatre comtés avoisinants, tandis que Renaud se levait pour regarder la carte géographique du Canada épinglée sur un mur.

– Je pense tout à coup à mes collègues ministres de France. Plusieurs ne tiendraient pas le coup en regardant les grands espaces qu'il me faudra remplir avec mes mots, mes discours, des promesses que sûrement je ne pourrai tenir si je suis élu...

— Vous le serez, Renaud. Même les sénateurs de l'opposition l'affirment en petit comité. La plupart pestent contre leur candidat pour vanter vos qualités.

— Pour une fois qu'un Premier ministre parle plusieurs langues, manie l'anglais avec la même élégance que le français, et qu'il pourra, avec Mme Lemurest, dialoguer avec nos immigrants, le Canada retrouvera un peu de sa réputation perdue à cause des hésitations de Lecarré, des jurons du chef de l'opposition, et de l'incroyable désordre en Chambre, dit aigrement Jackie.

— Et vous croyez, Philippe, et vous, Jackie, que je pourrais remettre un peu d'ordre dans ce désordre ?

— Les citoyens votent pour des femmes et des hommes en qui ils ont confiance, mais lorsqu'ils regardent leurs écrans de télévision et constatent que la période des questions se transforme en séance d'injures où la vulgarité des paroles tient lieu d'éloquence, alors ils décrochent, dit Jackie.

— Je ne peux tout de même pas jouer au père Fouettard au lieu d'assumer pleinement mes responsabilités de Premier ministre.

— Non, mais vous pouvez promettre qu'avec vous la Chambre retrouvera ses bonnes manières et que le prochain président des Communes sera choisi par vous pour exercer son autorité, non pour dormir tandis que tout le monde hurle, dit Philippe. Je vis la même chose au Sénat, et je conserve mon titre durant la campagne uniquement pour garder plus d'autorité sur nos troupes. Ensuite, je démissionnerai.

Jackie intervint :

– Les invitations à parler en public proviennent de tous les coins du pays, monsieur le ministre. Vous êtes populaire dans toutes les provinces sauf dans celle-ci. Les séparatistes ont miné votre réputation.

Se tournant vers le sénateur Granvert, elle lui dit sévèrement:

– Si M. Lemurest remporte la victoire au Canada anglais pour perdre au Québec, le référendum est fichu.

– Que faire alors? demanda Renaud, subitement inquiet.

Il était très attiré par Jackie, éprouvait une confiance instinctive en ses opinions, ne voulait surtout pas perdre sa confiance.

– Que nous conseillez-vous?

– De révolutionner le style des campagnes électorales fédérales. Nous sommes à l'ère de la télévision et de l'autoroute électronique. La télévision, pour coûteux que soit le temps d'antenne, est idéale pour rejoindre toutes les régions du pays sans que vous risquiez votre santé dans des voyages multiples qui minent la force physique des candidats.

Renaud la regarda, et comme il désirait parler le plus possible à la télévision pour voyager le moins possible, il lui dit:

– Réservez du temps à la télévision et voyez à ce que je m'adresse au plus grand nombre de citoyens possible.

– Radio-Canada n'a pas le droit de favoriser votre candidature aux dépens du temps réservé à votre adversaire, précisa Philippe.

— Je me tournerai vers les stations privées, répliqua Jackie. Elles sont moins coûteuses, en perte de vitesse et accepteront avec empressement des heures d'écran pour notre candidat, à la condition toutefois que leurs journalistes puissent lui poser des questions.

— Ils les poseront, Jackie, je vous en donne ma parole, fit Renaud. Je ne veux pas me présenter comme un dictateur ou un froussard. Philippe et vous, Jackie, avez toute ma confiance. Je ferai tout ce que vous me direz, mais ne laissez aucun autre organisateur, comme on dit ici, me dicter ma conduite. Avec vous, je suis en confiance ; avec eux, pas du tout.

Et il les quitta. Mathilde l'attendait dans sa voiture garée devant son bureau de comté.

91

Mathilde prit place aux côtés de son mari. Victor mit le moteur en marche et demanda :

– Où allons-nous, monsieur le ministre ?

– Au ministère, Victor.

– As-tu besoin de moi, Renaud ? demanda Mathilde, visiblement fatiguée de son voyage à Oslo.

– Oui, ma chérie. Nous allons tous les deux élaborer notre plan d'action pour la campagne. Victor, vous allez nous accompagner partout où nous irons. Comme garde du corps et surtout, Victor, comme ami en qui j'ai une confiance absolue. Je vais parler aux responsables de la sécurité pour une bonne raison : je me fie plus à vous pour protéger Mathilde qu'à tous les membres de notre gendarmerie. Et de vous j'attendrai aussi critiques et conseils, en toute franchise. Je ne connais pas beaucoup le pays, Victor. Ma femme et moi en avons été absents pendant près de vingt ans, et si ce n'était la maladie cruelle et injuste de Mme Lecarré, je ne serais sûrement pas candidat au poste de Premier ministre.

– Vous l'obtiendrez, monsieur ; j'entends chanter vos louanges par votre personnel et par tous ceux parmi nous qui assurons de notre mieux la protection des ministres et celle de leurs épouses. Je vous remercie de votre confiance, monsieur le ministre, et je vous jure que quiconque s'aviserait de vous bousculer, tous les deux, aura affaire à moi.

La voiture s'arrêta rue Sussex, devant l'édifice Pearson, et Mathilde et Renaud, suivis par Victor, montèrent au sixième étage, au bureau de Lemurest.

Ses principaux conseillers l'y attendaient. En voyant Mathilde – Victor les avait prévenus de sa présence au ministère –, ils se regroupèrent et l'un d'entre eux lui présenta une douzaine de roses rouges. «Celles qui éclairaient la robe de Boba à Oslo», dit Margot, la secrétaire privée de Renaud. Mathilde, très émue et charmée par ce geste inattendu du personnel habituellement froid et sec de Renaud, les remercia.

Renaud les invita tous dans le petit salon réservé à ses invités. Il demanda à Victor de prévenir les préposés au bar, afin, leur dit-il avec un sourire, de boire à une hypothétique victoire plutôt qu'à une probable défaite électorale. Tous protestèrent, et Renaud, une fois le bar installé dans le salon, leur demanda leur avis.

– Ma femme et moi sommes probablement plus familiers avec le traité de Maastricht qu'avec les accords sur le libre-échange et sur la libre circulation des biens et de la main-d'œuvre au Canada. J'ai donc besoin de votre aide, mais non, les assura-t-il, de votre loyauté si quelques-uns d'entre vous n'ont pas confiance en moi. Si je suis battu dans trois semaines, certains d'entre vous seront mutés dans un autre ministère, et si je suis élu, vous devrez apprendre à travailler avec un nouveau ministre des Affaires étrangères. Mais je serai toujours fidèle à ce ministère et vous le savez. J'ai été heureux avec vous tous.

– *May I speak for all of us, sir?* demanda alors son chef de cabinet.

– Oui, bien sûr, dit le ministre en faisant signe à Victor de remplir les verres.

– Monsieur et madame Lemurest, nous sommes tous certains que vous allez remporter l'élection, mais nous nous sommes consultés, et tous, au ministère, des sous-ministres aux plus simples employés, nous vous demandons, au nom de la réputation de notre pays dans le monde, de cumuler les postes de Premier ministre et de ministre des Affaires étrangères. Nous n'avons pas été sans remarquer que le Premier ministre Lecarré avait passé outre à nos recommandations durant les derniers mois. Avec le résultat que le Canada est maintenant mal vu de plusieurs pays car nous hésitons toujours avant de nous engager dans des conflits qui terrorisent le monde. De plus, le référendum du Québec diminue notre capacité de gérer notre avenir collectif face aux pays étrangers, qui ne comprennent pas la situation et se disent que si le Canada était vraiment le plus grand, le plus beau, le plus ouvert des pays du monde, il ne serait pas sur le point d'éclater.

Renaud, bien que visiblement touché de la confiance des siens en lesquels il avait douté par le passé, ne savait vraiment que répondre. Il se leva tout de même, décidant que la franchise valait infiniment mieux avec son personnel, plus au courant que lui de la situation politique, économique et culturelle de son pays, qu'une réponse trop politique et partisane.

– Je vous remercie de votre confiance et surtout de votre geste si élégant envers Mathilde. Victor a déjà téléphoné aux Granvert pour qu'ils viennent nous rejoindre; il est en charge de ma campagne, et Mme Granvert et Boba l'accompagneront.

Et, se tournant vers Margot, il lui demanda:

– Margot, y a-t-il ici un magasin où vous pourriez acheter pour cette petite fille de douze ans un cadeau qui lui serait offert par notre ministère? À l'heure actuelle, leur dit-il en riant, le véritable ministre des Affaires étrangères, c'est Boba. Et ce soir nous penserons tous ensemble à ce qu'elle représente pour ce ministère, plutôt qu'à votre ministre qui pourrait fort bien, dans trois semaines, perdre ses élections.

Tous protestèrent et Margot, accompagnée de Mathilde, quitta pour un moment le bureau du ministre.

92

Renaud, tout à coup, leur dit:

– Vous me connaissez depuis bientôt un an; soyez francs avec moi. Ai-je ce qu'il faut pour devenir Premier ministre? Je suis encore étonné, pour ne pas dire éberlué, de me savoir chef du parti. Ma chance, c'est la faiblesse évidente de l'opposition. Mais le ministre des Finances me semble plus qualifié que moi pour devenir Premier ministre.

Un silence un peu gêné tomba sur l'assistance.

– Ce qui nous inquiète, monsieur le ministre, dit alors son sous-ministre, c'est le fait que le sénateur Granvert, bien que nous comprenions votre confiance en lui, soit le directeur de votre campagne. Il ne connaît ni le parti ni le pays. Or, une campagne électorale dans un pays aussi divisé que le nôtre commanderait, je crois, un directeur plus avisé que lui.

– Qui me suggérez-vous? demanda alors un peu nerveusement Renaud.

– Jackie Verlot, votre secrétaire de comté, répondit son attaché politique. Elle est impliquée dans notre parti depuis près de vingt ans. Son mari, de qui elle est divorcée, a été ministre dans le gouvernement Trudeau. Elle était sa meilleure conseillère.

— Et la preuve est que depuis son divorce, dit Sylvie, il a quitté la vie politique pour entrer dans la vie alcoolique...

— Partagez-vous tous cette opinion? demanda alors Renaud.

Un oui retentissant lui répondit.

— Alors, j'accepte votre suggestion. Comment la faire accepter de mon ami Granvert?

— En lui donnant pour mission de vous accompagner partout où vous irez, afin qu'il résume pour vous les articles de presse que moi je n'aurai jamais le temps de parcourir, et qu'il se mette en rapport avec les autres chefs d'État si des tensions imprévisibles éclataient, répondit Sylvie. Le simple fait, monsieur le ministre, que le sénateur Granvert soit le père adoptif de Boba ne vous nuira pas.

Au moment où Renaud réfléchissait à cette suggestion qui lui paraissait positive et surtout efficace, Mathilde et Margot, suivies du sénateur Granvert, vinrent les retrouver.

— Pour familiariser Boba avec la télévision, qui lui fait peur à cause des bulletins d'informations qui montrent parfois Sarajevo, dit Mathilde, nous lui avons acheté des jeux et des mots croisés électroniques que Margot a choisis. Je crois qu'elle sera heureuse de tout cela et qu'Élise et Philippe seront soulagés de la voir enfin vivre comme la plupart des enfants de son âge.

Tous s'exclamèrent, et alors que Renaud demandait à Margot combien il lui devait, ses autres employés choisirent de contribuer aux frais des présents.

Tous attendirent alors qu'arrivent Boba et sa mère, que Victor était allé chercher.

– La fête, dit soudain Renaud, continuera... Et, ajouta-t-il en riant un peu ironiquement, qui sait si elle ne sera pas la dernière...?

93

Il avait fallu moins de deux discours, le premier à Toronto et le second à Winnipeg, pour que les Lemurest comprennent combien ils étaient ignorants du Canada contemporain.

– Je vais sûrement perdre cette élection, Mathilde, dit Renaud dans l'avion qui les ramenait à Ottawa. Je ne sais pas comment m'exprimer, attaquer, fustiger et exposer mon programme. Mes discours doivent endormir mes auditoires. Il faut faire quelque chose et vite, mais quoi?

– Je n'en sais rien, mais moi aussi je note que ton auditoire n'est pas attentif.

– Demande à Jackie et à Philippe de venir me retrouver. Nous avons encore une heure de vol avant d'atterrir à Ottawa.

Ils se regroupèrent tous les trois autour de Renaud et chacun se sentait soulagé de ne pas devoir dire au ministre que ses paroles n'atteignaient pas ses auditoires; que les sujets de ses discours passaient par-dessus la tête de ses électeurs parce que Renaud s'attardait un peu trop aux problèmes internationaux, en les comparant aux privilèges des Canadiens.

Jackie avait compris, sans doute avant les autres, qu'un autre ministre devait être de la tournée de Lemurest. Elle pensa au ministre des Finances, que Renaud avait battu de justesse, et elle se dit: «Channing sera utile. Il s'agit maintenant de parler à Philippe. Si le sénateur accepte ma proposition, ensemble nous aviserons Channing de ne pas se contenter de sillonner l'Ontario mais de nous accompagner partout où nous irons dans le pays. Ses connaissances économiques nous aideront, car autant Lemurest sait être éloquent à propos des autres pays, autant il fait piètre figure lorsqu'il décrit les drames d'ici. En économie, le sujet de l'heure, il est plutôt faible.» Puis elle songea que sa meilleure alliée était encore Mathilde Lemurest et elle se promit de lui confier ses craintes à leur arrivée à Ottawa. «Je la sens inquiète, car plus d'une fois j'ai noté son angoisse lorsque les auditeurs paraissaient distraits, voire même impatients, en écoutant les propos du futur Premier ministre.»

– *That guy does not have what it takes to govern the country*, avait dit un homme en quittant son siège.

Le plan de Jackie réussit sans difficulté. Mathilde était aussi consciente que Philippe de la faiblesse de Renaud mais elle le savait assez souple pour accepter quelques suggestions. À l'étonnement de tous, il alla lui-même demander au ministre des Finances de l'accompagner, n'hésitant nullement à lui confier son inquiétude.

– *You should have won the leadership instead of me*, lui dit Renaud, ce qui fit rire son collègue et emporta son adhésion.

Philippe et Jackie poussèrent un soupir de soulagement. Les choses iraient désormais infiniment mieux, d'autant plus que Philippe avait décidé de confier à deux sénateurs, ex-journalistes et écrivains, le soin de rédiger les discours de Lemurest.

– Pour une fois, lui avait confié le sénateur François Riverain, je me sens utile... Je lui écrirai de bons discours et ne serai nullement froissé si notre futur Premier ministre les adapte à ses goûts et à ses besoins. Merci, sénateur Granvert, de l'honneur que vous me faites.

Le lendemain, Philippe se rendit chez le sénateur Fullerton, de la Colombie-Britannique, et lui demanda d'aider le ministre Lemurest dans ses discours et surtout, lui dit-il, dans sa connaissance de la réalité du Canada de l'Ouest.

– *Do not hesitate to write in English, Senator. The minister speaks at least four languages and English is one of his favorites.*

Une fois de plus, Philippe fut étonné de l'enthousiasme de la réponse du sénateur Fullerton. Il se félicitait d'avoir consulté ses deux collègues, se faisant ainsi deux amis pour leur collaboration et surtout laissant Renaud libre de leur donner ou non un poste en guise de remerciement. Le Sénat leur était déjà acquis.

Il rentra chez lui le soir pour retrouver enfin Élise et Boba, qui ne le quitta pas durant son court séjour à Bergerville.

– Oui, Élise, fit-il, nous allons gagner. Jackie et moi n'avons pas été obligés de rappeler à Renaud qu'il s'agissait pour lui de recueillir des votes et non d'instruire ses électeurs sur la Chine, dit-il en riant.

Puis il lui raconta sa rencontre avec ses collègues sénateurs et fut heureux de constater le soulagement d'Élise, à qui Mathilde avait raconté ses frayeurs quant à la faiblesse politique de son mari.

De retour à Ottawa pour trois jours, le ministre Lemurest refusa de prendre place dans le bureau du Premier ministre.

— Apportez-moi ses dossiers; je ne me sens pas la force de m'installer dans son siège, du moins pas encore, dit-il en souriant à Margot.

— Monsieur le ministre, j'ai une faveur à vous demander, qui, je crois, vous aidera. Je suis déjà montée à bord de l'avion que vous utilisez. Il est doté d'un téléphone, d'un télécopieur et d'un petit ordinateur. Je pourrais recevoir le courrier de ce bureau et de celui du Premier ministre, répondre aux lettres pressantes, de sorte que les électeurs de la capitale sachent que même si vous volez au-dessus de la Saskatchewan ou de l'Alberta, vous êtes toujours à la tête du pays.

Renaud la regarda en souriant.

— Oui, Margot, vous serez de notre groupe. Plus j'avance dans cette campagne, plus je me rends compte de mes faiblesses. J'ai besoin de vous et je vous remercie de vous imposer ce surcroît de travail. Je ne l'oublierai pas.

– Aurais-je des chances de devenir la secrétaire privée du Premier ministre Lemurest?

Renaud éclata de rire et lui dit:

– Je vous le jure...

Bien épaulé par une équipe à qui il faisait entièrement confiance, Renaud Lemurest reprit du coup confiance en lui. Il étudia les discours qui lui furent proposés, fit quelques ratures ici et là, et demanda à Margot de lui apporter un magnétophone.

– Je veux m'écouter, lui dit-il. Je suis capable, je crois, de m'évaluer, de me critiquer pour m'améliorer. Margot, je veux gagner cette élection, et, croyez-moi, je prendrai tous les moyens pour remporter la victoire. Jusqu'ici, je suis demeuré un diplomate en politique; demain, je serai un politique sans trop de diplomatie. Lorsque je lis dans les journaux ou que j'entends aux bulletins d'informations comment mon adversaire parle de moi, je me rends compte que je suis trop poli, trop distant.

Et, prenant le discours écrit par le sénateur Fullerton, il se mit à le lire à haute voix. Margot sortit doucement de son bureau.

95

Il restait une dizaine de jours à Renaud Lemurest pour assurer sa victoire et celle de son parti. Les sondages le donnaient gagnant partout sauf au Québec, où pourtant il s'était rendu plusieurs fois, non seulement par astuce politique mais pour démontrer sa solidarité avec quelques-unes des demandes de cette province. S'y rendant une fois de plus, il fut accueilli poliment mais froidement. Il n'eut droit à aucune manifestation hostile, sauf à la télévision, et il lui aurait fallu être sourd aux allusions méchantes, aux interruptions dans ses réponses aux questions des journalistes, pour ne pas réaliser que le fédéralisme et le séparatisme ne faisaient pas bon ménage. Mais, aguerri aux questions piégées, aux interruptions intempestives durant ses discours, il ne se départit jamais de son sang-froid, répétant à chaque rencontre avec les habitants de sa province:

— Je vous sais assez endurcis par l'histoire et la politique pour être convaincus de la justesse de votre choix et je le respecte, à la condition que vous respectiez le mien, et si je deviens Premier ministre du Canada, j'engagerai avec votre Premier ministre un dialogue positif, si, bien sûr, il accepte de venir me rencontrer, ou alors de me recevoir à l'Assemblée nationale. Pas plus que moi, vous ne connaissez l'issue de référendum, mais autant que moi vous en accepterez les résultats. Une des raisons pour lesquelles je suis venu en politique, c'est que j'habite dans un pays démocratique; je n'en connais pas beaucoup d'autres qui accepteraient qu'une province puisse à elle seule jeter le déséquilibre politique, économique et social sur neuf autres provinces. Je me sens profondément québécois; ma femme aussi. Mais le fait que nous soyons nés ici ne sous-entend nullement que nous devons nous dresser contre les autres provinces. Je sais que mon équipe n'aime guère que je rappelle mon passé diplomatique, mais lorsque Mathilde et moi avons vu les massacres qui ont eu lieu à Sarajevo, nous avons compris beaucoup de choses. Et quand Mme Élise Granvert a décidé d'adopter une petite fille de cette ville dévastée, la délicieuse Boba dont vous avez vu la tristesse sur des affiches, mon épouse Mathilde a eu l'idée de créer l'organisme Enfants sans Frontières. Cette initiative humaniste a reçu le prix Nobel de la Paix.

Mathilde prenait alors la parole.

Renaud écoutait sa femme avec toujours la même admiration; elle savait d'instinct atteindre le cœur de son auditoire. En peu de mots, elle expliquait pourquoi, des cinq prix instaurés par Alfred Nobel, inventeur de la dynamite, celui de la Paix était décerné à ses lauréats à Oslo, capitale de la Norvège.

— Les conséquences de la dynamite, responsable de tant de destruction, contredisent l'idéal de paix de son inventeur. Voilà pourquoi, concluait Mathilde, le prix Nobel de la Paix est le seul prix Nobel qui ne soit pas attribué à ses lauréats à Stockholm.

96

Deux jours plus tard, Renaud et son équipe s'envolèrent pour Fredericton. Il demeura silencieux, demandant aux siens de le laisser seul sur son siège. Il ne lisait pas ; de toute évidence, il réfléchissait.

— Est-il mort de trac ? demanda tout à coup Mathilde en le regardant de son propre siège.

Philippe était assis près d'elle et lui aussi se taisait.

— Êtes-vous tous malades de peur ? lui demanda Mathilde.

— Non, je suis fou de joie.

— Vous êtes enfin certain que Renaud gagnera ?

— Non, mais je vous ai enfin pour quelques minutes à moi tout seul. Mathilde, ne m'en voulez pas, mais je me suis à ce point ennuyé de nos rares tête-à-tête que si vous n'étiez pas à bord, je n'y serais pas non plus.

— Philippe, l'endroit est mal choisi pour rappeler nos souvenirs, aussi beaux soient-ils, dit-elle à voix basse. Moi aussi, je me suis ennuyée, seule à la maison soir après soir. Renaud n'est pas le mari modèle, mais je me vois mal lui faire des reproches. Au-delà de nos infidélités respectives, nous nous aimons profondément. Il sait que je sais et je sais qu'il sait. Donc, nous nous taisons, et tous trois, Philippe, sommes certains que nous devons continuer à vivre nos vies sans jamais rendre public le bonheur que nous avons connu, il y a de cela tant d'années. Le temps des amours folles est révolu, Philippe. Que diraient les échotiers de notre si murmurante capitale si on nous dénonçait, comme ne manqueraient pas de le faire les adversaires qui cherchent, j'en suis certaine, comment faire du mal à Renaud? Tout pour le faire battre...

– Et nous ferons tout, Mathilde, pour lui permettre de gagner. Jackie est forte et d'attaque. Avec vous près de moi, je deviendrai plus fort et plus sévère pour les quelques erreurs de votre mari. Mais je le sens inquiet.

– Inquiet, non, dit Mathilde en se tournant vers Renaud, toujours seul et méditatif. Je le sais rentré en lui-même pour se ressourcer, retrouver sa vigueur et surtout pour mieux se structurer comme futur chef du pays. Philippe, notre rôle à tous deux consiste à épauler Renaud, mais non à lui faire du tort. Je sais que je peux compter sur vous comme vous sur moi.

Philippe la regarda un moment, puis il alla retrouver Margot, occupée derrière Renaud à écrire quelques lettres sur l'ordinateur portatif.

La voix du pilote retentit:

– *Please secure your belts, we shall land in Fredericton in five minutes. The weather is fine and the tower told me a large crowd is awaiting the Minister.*

Alors, Renaud Lemurest dit à haute voix:

– Je ne les décevrai pas, *and Minister*, dit-il en marchant vers le siège de Channing, *I will make you proud to accompany us.*

– *I already am, Minister*, lui répondit son confrère, *and you can count on my loyalty...*

L'équipe Lemurest fut étonnée de trouver, dans la salle d'attente de l'aéroport, une centaine de citoyens qui, pancartes brandies à bout de bras, criaient: «Lemurest! Lemurest! Lemurest!»

Jackie Verlot et Brendan Channing étaient assis dans les premiers sièges de l'avion, souhaitant, avait spécifié Jackie, laisser toute la place à l'arrière pour le personnel politique du ministre Lemurest. Il était évident pour tous les passagers qu'ils se connaissaient fort bien, mais personne n'avait deviné le lien amoureux qui existait entre eux depuis trois ans, donc depuis le divorce de Jackie. C'est elle qui avait suggéré à Renaud d'inviter le ministre des Finances à les accompagner dans la campagne électorale. Channing, en politique active depuis dix ans, connaissait mieux le pays que son collègue Lemurest. Comme son personnel, requis par le gouvernement pour administrer les finances de l'État durant la campagne, ne pouvait le suivre dans sa propre campagne, il avait accepté sans hésitation. Il ne doutait nullement de la victoire de leur parti en début de campagne, mais se rendit vite compte de la faiblesse de Lemurest hors d'Ottawa. Il se disait donc, mais en secret, et avec la connivence de Jackie, que son travail auprès de l'aspirant Premier ministre ne pourrait sûrement pas lui nuire. Il était certain de remporter son comté de Hautes-Montagnes, ayant été élu plus de trois fois dans sa région. Mais au fur et à mesure qu'ils réalisaient tous deux les maladresses de Renaud, sa méconnaissance des réels problèmes des provinces éloignées, ils se rendaient compte que la réélection de leur parti était loin d'être assurée.

Lemurest parlait souvent trop longtemps et n'arrivait pas à saisir l'essence des problèmes sociaux qui préoccupaient les électeurs. La diplomatie lui collait aux lèvres et ses discours passaient par-dessus la tête de trop de citoyens pour qui la Bosnie était inconnue, le Rwanda mystérieux, les Serbes et les Croates des étrangers, alors que leurs lieux de travail et de résidence leur semblaient plus importants que les affrontements internationaux. En temps de guerre, Renaud savait les Canadiens empressés à défendre le monde; en temps de paix, seul leur petit monde à eux les intéressait, constatait-il avec tristesse.

98

La campagne électorale s'achevait en beauté. Du timide et distant Renaud Lemurest, un nouvel homme était apparu. Au plus grand étonnement de son entourage, Renaud avait pris goût aux bains de foule, répondant du tac au tac à ses interlocuteurs ou adversaires. Constamment soutenu par les siens, surtout par Jackie qui savait d'instinct quelles invitations accepter ou refuser, Renaud se sentait pour ainsi dire délivré de son uniforme de diplomate, pour endosser celui du politicien décidé à remporter la victoire en remisant dans le placard de son passé non pas ses bonnes manières, mais son ton un peu altier, son maintien de grand seigneur. Avec l'aide de Jackie et de Mathilde, l'adroit diplomate s'était muté en un habile politicien ne reculant devant aucune discussion.

Jackie, qui avait fini par se réjouir de la décision de Renaud d'aller rencontrer les gens sur place plutôt que de faire une campagne télévisée, avait décidé, avec l'assentiment du ministre des Finances, devenu un véritable ami et admirateur de Renaud, d'utiliser les derniers jours de la campagne à donner des entrevues et des discours à la télévision. Elle retint donc du temps d'antenne dans la ville de Québec, dans le comté de Blanc-Mouton et à Ottawa.

Rassuré par les sondages et réconforté par l'enthousiasme des siens, Renaud Lemurest se voyait déjà Premier ministre et cette éventualité ne lui déplaisait pas. Il était décidé à utiliser le peu d'énergie physique qui avait survécu à ces voyages multiples et à ces rencontres animées avec des auditoires exigeants. À l'aise dans son personnage, ne cherchant pas constamment à se faire rassurer par Mathilde ou Philippe, Renaud entrait confiant et heureux dans les derniers jours de la campagne électorale.

Mathilde lui avait été d'un précieux secours, car s'il se faisait un point d'honneur de rencontrer des citoyens originaires de lointains pays qu'il connaissait bien, Mathilde, moins hésitante à employer la langue de ces immigrés, avait conquis leur cœur, rassuré leurs craintes, et ravi la plupart d'entre eux en leur racontant, affiche en mains, la si belle histoire de Boba et du prix Nobel décerné à l'organisme humanitaire Enfants sans Frontières. Bref, Renaud avait le vent en poupe, et, plusieurs fois durant la campagne, il avait téléphoné à Alain Lecarré pour s'informer de la santé de Céline – celle-ci faiblissait tous les jours et était maintenant hospitalisée – et aussi pour demander conseil à l'ex-Premier ministre, qui, causant quelques minutes avec son successeur, se sentait ainsi encore utile.

Ils convinrent de se retrouver au lendemain de l'élection. Renaud pressentait tout ce qu'il aurait à apprendre de Lecarré, et Mathilde se faisait une joie de retrouver Céline avant que... Alain lui avait dit, la voix étouffée:

« Elle baisse rapidement, mais ne souffre pas. Elle a conservé toute sa lucidité et s'informe souvent de Mathilde. »

Renaud éprouvait le désir de se retrouver parmi ses choses et seul avec Mathilde enfin, dans leur résidence de River Road. Philippe aussi avait envie de retrouver Élise et Boba, comme Jackie s'ennuyait de sa fille Josette, en pension chez sa mère pour la durée de la campagne. Tous avaient besoin d'une journée de calme avant d'entrer dans la dernière phase de la campagne.

Tôt un matin, Renaud, Mathilde et Jackie s'envolèrent pour Québec. Renaud avait été invité à parler devant la Chambre de commerce et il souhaitait que son arrivée dans la capitale soit discrète. Il fut heureux de retrouver au bas de la passerelle de l'avion le délégué général de la France au Québec, que Mathilde et lui connaissaient de longue date. Comme Renaud était en avance sur son horaire, ils suivirent tous les trois le délégué jusqu'à sa résidence, rue Sainte-Geneviève, où ils échangèrent des propos se rapportant évidemment au climat politique survolté de la capitale. Renaud et Mathilde écoutèrent parler le délégué et chacun tira des conséquences de leur franche conversation.

Vingt minutes plus tard, la limousine de Renaud entrait sous l'arche de ciment menant à l'entrée du Château Frontenac. Ils durent encore une fois faire face à une cinquantaine de séparatistes qui criaient : « Traître ! Vendu ! L'histoire vous jugera ! »

Mathilde en fut fortement blessée, ne croyant pas qu'on puisse être aussi mal vu au Québec après une longue carrière un peu partout dans le monde au service du Canada. Renaud lui donna le bras et ils entrèrent le plus rapidement possible dans le grand hall, pour y rencontrer d'autres partisans de l'indépendance, aussi vociférateurs que ceux qui les avaient insultés à l'extérieur de l'hôtel.

Finalement, ils s'engouffrèrent dans l'ascenseur, qui les conduisit à la suite où logeaient les membres du camp du Non. Voyant la pâleur de Mme Lemurest, le président lui présenta ses excuses et lui offrit un apéritif en s'efforçant de la rassurer quand au bon ordre du déjeuner.

– Tous nos membres sont vos partisans, madame. Donc, vous serez fêtée, et non insultée.

Et il ajouta un peu rageusement:

– Ce qui rend ce référendum et votre élection si difficiles parfois, monsieur le ministre, ce sont les injures que les séparatistes sont si empressés de nous lancer à la tête. Nous, du Non, ne sommes pas non plus sans reproche, mais nous sommes moins certains de posséder toutes les réponses aux problèmes qui déchirent le Québec depuis toujours.

Lorsque Renaud prit la parole, il reçut une ovation, et Mathilde aussi. Tous les deux remarquèrent sur le mur une affiche de Boba, fort joliment encadrée et traversée par un ruban piqué de roses rouges. Du coup, Mathilde se détendit, et Jackie, qui avait noté sa nervosité, vint la trouver en lui remettant deux feuilles de papier. Mathilde avait accepté de dire quelques mots aux membres de la Chambre de commerce.

Renaud commença par admettre que les Québécois, en vertu de la Charte des Nations unies, avaient droit à l'autodétermination, ce qui leur permettait de se donner le gouvernement de leur choix. Mais ce droit ne les autorisait pas à briser la continuité canadienne, car, disait-il, «de cette continuité dépend non seulement l'avenir de ce pays mais celui de vos enfants».

Et il continua en racontant combien Mathilde et lui, de retour de diverses missions diplomatiques dans le monde, avaient été frappés par la violence en Bosnie, au Rwanda et dans maints pays déchirés par une guerre civile au nom de la libération.

– Je suis québécois, leur dit-il, et fier d'avoir été ambassadeur de mon pays afin de mieux comprendre la différence entre les terres de guerre entre frères et les terres de paix entre voisins. Jamais je ne voudrais revivre ce que nous avons vécu, ma femme et moi. Si j'ai accepté, en tremblant, je le reconnais, l'offre du Premier ministre de le remplacer à cause de la maladie si tragique de notre merveilleuse amie, Mme Céline Lecarré, c'est aussi pour mieux comprendre la situation canadienne et surtout mieux répartir les pouvoirs entre les deux grands peuples ou nations qui composent ce pays. Ils sont demeurés ici au lendemain de 1763 pour bâtir un grand pays, certainement pas pour le détruire, comme semblent le vouloir ceux qui nous ont hués, Mathilde et moi, à notre arrivée à cet hôtel. Je vous paraîtrai bien naïf, dit-il avec un rien d'émotion, mais c'est la première fois que ma femme et moi sommes insultés chez nous. Je suis né ici, descendant de Victorien Lemurest qui montait la garde sur les plaines d'Abraham, et je suis fier de mon aïeul qui fut un bâtisseur. Je veux, moi aussi, à ma façon, continuer son œuvre.

»Oui, chers compatriotes, il faut moderniser nos institutions, avoir le simple courage d'étudier notre constitution à la lumière de l'an deux mille et non seulement en regard du passé des Pères de la Confédération. Je veux la moderniser pour qu'elle réponde aux ambitions des hommes de demain, au lieu de nous enfermer dans des règlements désuets qui ne correspondent plus à notre réalité. Aidez-moi, et je vous aiderai en retour à mieux faire comprendre vos espérances partout au pays.

Et il continua encore durant quelques minutes, en insistant sur des points importants que son prédécesseur avait écartés mais qu'il promettait de revoir.

Mathilde, Sylvie et Jackie étaient étonnées de sa maîtrise à traiter d'un sujet aussi explosif avec une telle aisance. «Il a dû beaucoup réfléchir au Québec pour tenir un discours aussi vibrant, aussi prometteur de changements...», se dit Jackie. Finalement, deux heures plus tard, ils reprirent l'avion pour Ottawa, satisfaits, heureux, mais épuisés.

Le lendemain soir, après une série d'entrevues à la radio et à la télévision, Renaud se rendit dans son comté. Jackie avait tout préparé. Son comité de soutien l'attendait dans son bureau décoré avec des ballons et des rubans. Sandwiches et café seraient offerts à ceux et celles qui viendraient le saluer. Ils furent nombreux, enthousiastes et chaleureux. Renaud s'excusa d'avoir été si souvent absent de Blanc-Mouton.

– La distance est grande entre Vancouver et ce bureau, et le Canada est un pays si immense et si beau qu'il était difficile pour moi de ne pas me laisser dominer par sa grandeur lorsque je le visitais et rencontrais nos compatriotes des autres provinces. Je dois vous avouer, ajouta-t-il, que je suis heureux de savoir qu'après-demain cette campagne sera terminée. J'ai essayé de bien vous représenter partout où je fus reçu, et je dois des remerciements au ministre des Finances, qui m'a soutenu, aidé, instruit et épaulé. Sans lui, sans les discours éloquents qu'il a prononcés avant ou après moi dans toutes les provinces, notre parti n'aurait pas, ce soir, l'avance appréciable que lui accordent les sondages. Cependant, je ne considère pas que la victoire est acquise. Je vous remercie tous et je tiens à rendre un hommage particulier à Jackie Verlot. Elle a été à la hauteur de la tâche très lourde que mon entourage lui a confiée. Mesdames et messieurs, électrices et électeurs de Blanc-Mouton, je vous remercie de votre loyauté et, croyez-moi, je ne vous oublierai jamais.

Et sa visite dans Blanc-Mouton se termina sur un air de fête.

99

Le lendemain matin, accompagné de Sylvie, il se rendit aux studios de CBC pour enregistrer en anglais son dernier discours au pays. En début d'après-midi, il retourna à la SRC pour enregistrer son texte en français. En quittant l'édifice de la rue Slater, il demanda à Sylvie:

— Ai-je été à la hauteur? Le discours plaira-t-il aux électeurs francophones? Croyez-vous, Sylvie, que j'ai été sage de parler de ma vision personnelle du Canada de demain?

— Oui, car autant vous avouer que, depuis quelques jours, je me demandais si vous alliez une fois pour toutes nous expliquer le type de Canada que vous envisagez pour nous tous. Vos idées ne vous attireront peut-être pas l'unanimité enthousiaste de vos compatriotes, mais comme tout le monde patauge dans le fédéralisme renouvelé, rapiécé, modernisé, il était plus que temps qu'un homme politique aspirant à devenir Premier ministre ait le courage de dire: «Voilà comment je conçois notre avenir collectif.» Je ne connais pas assez la politique pour savoir comment sera reçue votre conception de l'avenir du Canada, mais votre popularité ne fait que monter dans les sondages, ce qui devrait vous rassurer.

— Oh! vous savez, Sylvie, dit-il en montant dans la voiture que Victor avait garée devant l'édifice, je serai rassuré le soir des élections, pas avant. Selon vous, que devrions-nous faire demain, Mathilde et moi?

— Vous reposer, monsieur, en invitant quelques personnes choisies pour écouter avec vous les résultats du scrutin.

— Vous y serez, n'est-ce pas, Sylvie, avec Jackie?

— Pas en début de soirée, monsieur le futur Premier ministre; je me rendrai au Centre des Congrès avec elle, pour me mêler à nos partisans.

— Devrais-je m'y rendre?

— Je préférerais vous savoir à la maison, et Victor a déjà demandé à la gendarmerie de surveiller votre résidence.

— Vous craignez quoi?

— Je ne le sais pas, mais Victor exige cette surveillance et je me fie à son jugement.

— Moi aussi, fit Renaud. Sylvie, si notre parti est élu, demain soir, demeurerez-vous avec moi demain, comme Jackie continuera de gérer les affaires de Blanc-Mouton?

— J'avais peur que vous vouliez des hommes comme attaché de presse et secrétaire de comté. En somme, notre avenir est entre vos mains...

— Vous devrez parfois mettre les bouchées doubles, Sylvie. Mathilde requerra vos services. Pour que son organisme soit respecté au pays et ailleurs, il ne faut pas que le gouvernement intervienne, mais, comme attachée de presse, vous pourriez de temps en temps lui venir en aide. Pour ce qui concerne la soirée des élections, je vais demander aux Granvert, à la ministre McBride, au ministre des Finances et à son épouse que nous ne connaissons pas, de venir à la maison. Et vous me direz lesquels des membres de mon personnel au ministère seraient heureux de se joindre à nous... Une fois les résultats de l'élection connus, je fais quoi?

– Vous vous rendez au Château Laurier. Le parti a réservé les deux grands salons pour célébrer.

Ce soir-là, à vingt heures, les deux réseaux de la Société Radio-Canada diffusèrent simultanément le dernier discours du candidat Lemurest. Les commentateurs y allèrent de leurs analyses, critiques et compliments. Comme toujours, les analyses des journalistes anglophones contredisaient celles des journalistes francophones. Peu parlèrent de la campagne électorale, la plupart se concentrant sur la vision de Renaud Lemurest concernant le Canada de demain.

– Nous devons, avait-il dit en français, cesser d'être des hommes d'hier pour le Canada de demain. Notre constitution n'est pas un document sacré, et nous avons le devoir de l'amender afin qu'elle nous aide à entrer dans le monde nouveau qui nous attend. À mon avis, notre pays devrait devenir une véritable confédération d'États associés, mais chacun étant souverain, sauf en ce qui concerne la politique étrangère, l'armée, notre identité révélée par nos passeports, et notre argent. En fait, ce que le Québec veut devrait être accordé à toutes les régions, et ainsi, avec la souveraineté dépendante du gouvernement central dans les domaines que je viens d'annoncer, le Canada vivra, survivra et durera. Voilà, mes compatriotes de toutes les parties de cet admirable pays, comment je conçois les changements que nous devons, tous ensemble, avec une volonté collective, oser faire pour ne pas gâcher notre avenir et celui de nos descendants. Je vous remercie.

Et ce fut enfin le grand soir. Renaud et Mathilde avaient invité dans leur salon leurs amis, et plusieurs membres du personnel du ministère des Affaires étrangères et du ministère des Finances. Chacun était tendu, nerveux, et personne ne quittait des yeux l'écran de télévision.

Finalement, à vingt heures quarante, les deux animateurs de la soirée des élections à Radio-Canada annoncèrent en même temps en français et en anglais, et sur le même ton, que le prochain gouvernement du Canada serait formé par le parti du Rassemblement national, et que ce gouvernement serait majoritaire. De tous les membres du cabinet Lecarré, seul le ministre Renaud Lemurest avait été battu dans son comté de Blanc-Mouton.

Un cri de rage jaillit de la bouche des invités. Mathilde et Renaud s'enlacèrent, tentant de retenir leurs larmes, tandis que Sylvie pleurait. Jackie, elle, qui songeait à son ministre Channing réélu dans Hautes-Montagnes, souriait en se disant que sans doute elle retrouverait un poste auprès de cet homme qui, peut-être, deviendrait premier ministre un jour... Mais, se demandait-elle intérieurement, quand viendra-t-il ce jour?...

FIN

Les Trois-Villages,
décembre 1995.